Methodenkurs Sekundarstufe II

Die Facharbeit

planen – strukturieren – schreiben

Erarbeitet von

Nicole Sacher

Unter Mitarbeit von

Angelika Gassner
Carmen E. Kühnl
Peter Riedner
Jens Willhardt

Ernst Klett Verlag
Stuttgart • Leipzig

1. Auflage 1 9 8 7 6 5 | 2020 19 18 17 16

Programmbereich Klett-Auer

Autorinnen und Autoren: Nicole Sacher (unter Mitarbeit von Angelika Gassner, Carmen E. Kühnl, Peter Riedner, Jens Willhardt)

Gestaltung: Image Design, Astrid Sitz, Köln
Umschlaggestaltung: Stefanie Kaufhold mit weissbunt, Berlin
Titelbild: Fotolia
Satz: Fotosatz H. Buck, Kumhausen
Druck: Druckhaus Götz GmbH, Ludwigsburg

ISBN 978-3-12-006570-8

Printed in Germany
ISBN 978-3-12-006570-8

Inhalt

Vorwort

Das Schreiben einer **Facharbeit** stellt eine wesentliche Anforderung dar, die Sie auf dem Weg zum Abitur zu bewältigen haben. Das Erarbeiten einer Facharbeit bereitet Sie gezielt auf das **wissenschaftliche Arbeiten an Hochschulen vor** und macht Sie mit wichtigen Standards und methodischen Arbeitsweisen vertraut.

Dieses Themenheft möchte Sie beim **Planen, Strukturieren und Schreiben** der Facharbeit unterstützen, indem es **wichtige Vorgehensweisen Schritt für Schritt** erklärt, mit denen Sie sich anschließend **durch gezielte Übungen** vertraut machen können. Dabei geht es für Sie vor allem darum,

- den Entstehungsprozess der Facharbeit vorausschauend zu planen,
- wissenschaftlich relevante Informationen zu recherchieren, zu strukturieren und aufzubereiten,
- wissenschaftliche Methoden zielorientiert anzuwenden,
- die Facharbeit in angemessener Sprache zu schreiben
- und sie schließlich in geeigneter Weise zu präsentieren.

Wir wünschen Ihnen beim Arbeiten mit diesem Methodenkurs und beim Verfassen Ihrer Seminararbeit viel Freude und Erfolg.

Die Verfasser und der Verlag

Verwendete Symbole in diesem Methodenkurs

Arbeitsanweisungen werden durch blau unterlegte Kästen und ein entsprechendes Piktogramm hervorgehoben. Sie haben unterschiedliche Zielsetzungen und sollen z. B. motivieren und Impulse setzen, dienen aber ebenso der Wiederholung und Einübung von Lerninhalten, der Anwendung von Methoden, der Vertiefung, der gedanklichen Weiterführung und der fächerübergreifenden Verknüpfung. Arbeitsanweisungen berücksichtigen verschiedene Schwierigkeitsgrade, ermöglichen Einzel- oder Teamarbeit und ergänzen den Unterricht durch Vorschläge zur häuslichen Übung oder Vorbereitung. Die vielfältigen Arbeitsanweisungen sind als Anregungen gedacht; eine sinnvolle Auswahl wird dringend empfohlen. Je nach Interesse können Sie selbstständig eigene Schwerpunkte setzen und Ihr Wissen bzw. Ihre Kompetenzen – z. B. durch weitere Recherchen – vertiefen.

Nützliche Literaturtipps und weiterführende Internet-Adressen sind durch ein Info-Piktogramm besonders gekennzeichnet. Darüber hinaus geben eine Übersicht über die gängigen Suchmaschinen und Online-Lexika sowie weitere Literaturempfehlungen am Ende dieses Buches konkrete Hinweise auf Möglichkeiten der Informationsbeschaffung.

Verschiedene Checklisten sind hilfreich für eine systematische Bearbeitung von ausgewählten Sachverhalten. Sie erleichtern ein zielorientiertes Vorgehen.

1 Einführung und Zielsetzung

Abb. 1.1: Erwerben von Kompetenzen für ein Studium

Die Zielsetzung des wissenschaftspropädeutischen Lernprozesses liegt vor allem im Erlernen von Kompetenzen und Methoden, die später in der Hochschule beherrscht und angewendet werden sollen. Das Schreiben der Facharbeit ist dabei ein zentrales Anliegen, da Sie dadurch an eine wesentliche Anforderung in jedem Studiengang herangeführt werden: das wissenschaftliche Schreiben. Warum ist eine wissenschaftliche Arbeit von so großer Bedeutung?

Eine Seminar- oder Studienarbeit bzw. eine schriftliche Ausarbeitung zu einem Referat sollen die Fähigkeit des Verfassers zu selbstständigem wissenschaftlichen Arbeiten nachweisen. Sie ist optimal gelungen, wenn sie Lesern in klaren und eindeutig nachvollziehbaren Schritten zu neuen Erkenntnissen führt, die als Ergebnisse der Arbeit dargelegt werden. [...]

In einer Seminararbeit sollen komplexe Sachverhalte so einfach (aber nicht vereinfachend!) und deutlich wie möglich vermittelt werden. Die Seminararbeit hat dabei zwei Hauptziele: Zum einen dient sie als Nachweis, dass die/der Studierende in der Lage ist, ein wissenschaftliches Thema selbstständig zu erfassen, in begrenzter Zeit angemessen zu erarbeiten und zu präsentieren. Zum anderen soll eine Seminararbeit (vor allem das dazugehörige Referat) den übrigen Studierenden in übersichtlicher und stringenter Form neue Einsichten vermitteln. Maßstab ist das Vorwissen dieser Zielgruppe und der bereits behandelte Themenstoff des Seminars; hieran sollte sich die Arbeit ausrichten und so weit wie möglich anschließen.

Zentrum für Angewandte Kulturwissenschaft und Studium Generale (Universität Karlsruhe). „Leitfaden zur Erstellung einer Seminararbeit". 31.03.2010. www.zak.kit.edu/downloads/old/Zak_Leifaden_Erstellung_Seminararbeit_10-07.pdf

Für das Erstellen einer Facharbeit ist es wichtig, wissenschaftliche Arbeitsweisen und Methoden kennenzulernen. Was aber genau macht wissenschaftliches Arbeiten aus? Laut dem italienischen Schriftsteller und Medienwissenschaftler Umberto Eco ist eine Untersuchung wissenschaftlich, wenn sie die folgenden Anforderungen erfüllt:

1. Die Untersuchung behandelt einen erkennbaren Gegenstand, der so genau umrissen ist, dass er auch für Dritte erkennbar ist. [...]
2. Die Untersuchung muss über diesen Gegenstand Dinge sagen, die noch nicht gesagt worden sind, oder sie muss Dinge, die schon gesagt worden sind, aus einem neuen Blickwinkel sehen. [...]
3. Die Untersuchung muss für andere von Nutzen sein. [...]
4. Die Untersuchung muss jene Angaben enthalten, die es ermöglichen, nachzuprüfen, ob ihre Hypothesen falsch oder richtig sind, sie muss Angaben enthalten, die es ermöglichen, die Auseinandersetzung in der Öffentlichkeit fortzusetzen.

Eco, Umberto. Wie man eine wissenschaftliche Abschlussarbeit schreibt. Doktor-, Diplom- und Magisterarbeit in den Geistes- und Sozialwissenschaften. 6., durchges. Auf. der deutschen Ausgabe. Heidelberg: C. F. Müller 1993, S. 40-45 (Rechtschreibung angepasst)

Diese Kriterien gelten gleichermaßen für wissenschaftliches Arbeiten in den Natur-, Geistes- oder Sozialwissenschaften. Welche Methoden jedoch in den einzelnen Fachbereichen zum Einsatz kommen, ist höchst unterschiedlich und hängt vom jeweiligen Untersuchungsgegenstand ab. Weitere Hinweise zu besonderen Arbeitsweisen und Methoden in den verschiedenen Fächern finden sich in Kapitel 2.

1. Vergleichen Sie die Definition der Universität Karlsruhe (S. 5) mit den von Umberto Eco festgestellten Charakteristika einer wissenschaftlichen Untersuchung! Welche grundlegenden Aspekte einer wissenschaftlichen Arbeit sprechen beide Texte an?

Standards des wissenschaftlichen Arbeitens

Im Folgenden werden wichtige Aspekte wissenschaftlichen Arbeitens näher erläutert, die für alle Fachbereiche gelten und auch für Ihre eigene Facharbeit von Bedeutung sind. In der Literatur zum wissenschaftlichen Arbeiten werden beispielsweise folgende Standards des wissenschaftlichen Arbeitens genannt:

- **Systematisch:** Eine wissenschaftliche Arbeit muss einen klaren Aufbau aufweisen, um den Gang der Untersuchung nachvollziehbar zu machen. In einer Facharbeit mit einem Experiment ist es zum Beispiel wichtig, den Versuchsaufbau genau zu beschreiben und erst dann die Ergebnisse zu analysieren und zu interpretieren. Weiterhin ist es wichtig, sich durchgängig an eine bestimmte Herangehensweise zu halten, z. B. indem man sich einem Thema **deduktiv** – also vom Allgemeinen zum Besonderen – oder **induktiv** – vom Besonderen zum Allgemeinen – nähert. Wichtige Hinweise zum Anordnen der Facharbeit und deren logische Darstellung erhalten Sie in Kapitel 4.
- **Objektiv:** Wie auch Eco fordert, muss eine wissenschaftliche Arbeit sämtliche Quellen genau angeben (siehe Kapitel 4). Zudem muss jede Behauptung nachvollziehbar begründet werden (siehe Kapitel 4). Vermeiden Sie daher rein subjektive Äußerungen und achten Sie auf eine ausgewogene Auswahl der Quellen, die auch unterschiedliche Meinungen berücksichtigt. **Objektivität** spielt – neben den anderen Gütekriterien **Reliabilität** (Zuverlässigkeit) und **Validität** (Gültigkeit) – auch bei Messungen innerhalb von Experimenten, aber auch bei Befragungen eine wichtige Rolle.
- **Eigenständig:** Wissenschaftliches Arbeiten zeichnet sich dadurch aus, dass man eigene Überlegungen zu einem Thema anstellt. Dabei spielt die Auseinandersetzung mit anderen Arbeiten eine wesentliche Rolle. Ziel sollte stets sein, einen eigenen Beitrag für die wissenschaftliche Forschung zu leisten. Dabei kann es im Rahmen der Facharbeit nicht darum gehen, „das Rad neu zu erfinden" und z. B. eine neue mathematische Formel zu entdecken. Ein wissenschaftlicher Beitrag zeichnet sich dadurch aus, dass man einen Gegenstand aus einer anderen Perspektive betrachtet, z. B. die Frauenbewegung des 21. Jahrhunderts aus dem Blickwinkel der Literatur.
- **Präzise:** Die wesentlichen Begriffe einer wissenschaftlichen Arbeit müssen genau definiert werden, damit dem Leser klar wird, auf welchen Grundlagen die Arbeit beruht (siehe auch folgenden Abschnitt). In einer Facharbeit zum Thema „Fitness" ist es beispielsweise wichtig zu definieren, was unter dem Begriff „Fitness" genau zu verstehen ist.

Wenn auch das Schreiben in der Sekundarstufe II noch nicht in dem Maße „wissenschaftlich" ist wie später an der Universität, werden bestimmte Vorgaben auch in der Facharbeit vorausgesetzt. Dazu gehören u. a. das **Einhalten von Formalien**, der **richtige Aufbau** unter Berücksichtigung der Grundsätze der Stoffanordnung sowie **wahrheitsgetreues Zitieren** und **Bibliografieren**.

Verschiedene Grundformen wissenschaftlichen Schreibens

Auch die Grundformen des Schreibens orientieren sich bei einer Facharbeit an der Hochschule. Sie entsprechen den Methoden, die allgemein im wissenschaftlichen Arbeiten Anwendung erfahren.

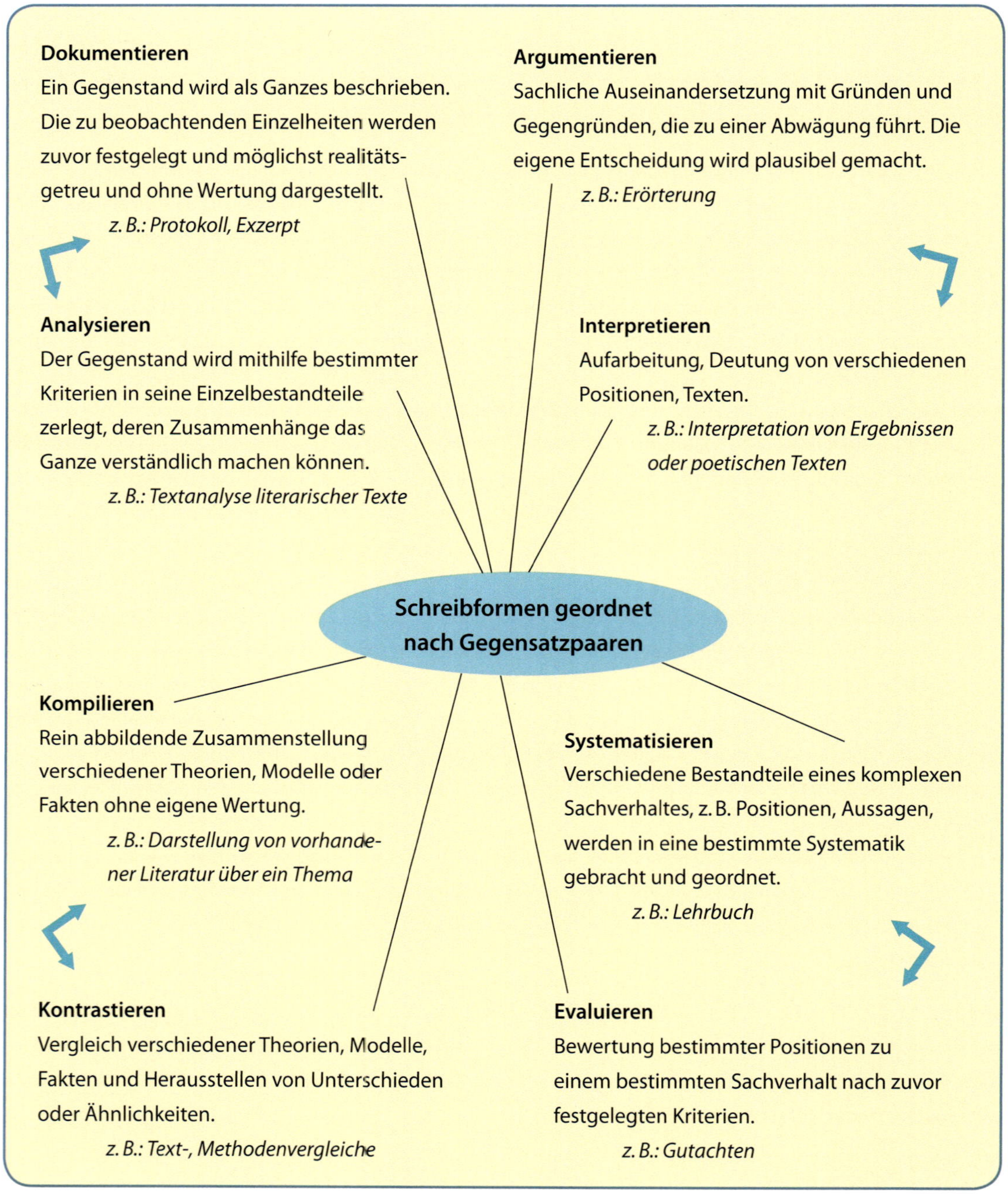

Abb. 1.2: Verschiedene Schreibformen innerhalb des wissenschaftlichen Schreibens

Es besteht natürlich ein Unterschied, ob eine Theorie untersucht und bewertet wird oder ob das Verhalten einer bestimmten Bevölkerungsgruppe, z. B. in Form einer statistischen Auswertung dargestellt werden soll. Je nach der Absicht der Arbeit werden Vorgehensweise und damit auch Schreibform ausgewählt. Die Grenzen zwischen den Schreibformen sind fließend. Daher wird eine Seminararbeit zumeist eine Mischung aus verschiedenen Schreibformen darstellen.

2 Die Themenfindung

Eine wesentliche Aufgabe zu Beginn der Arbeit liegt darin, aus dem vorgegebenen Rahmenthema ein eigenes Thema herauszulösen. Folgende Vorüberlegungen sollen helfen, den Schritt zur individuellen Problemstellung nachzuvollziehen.

Völlig frei wird Ihre Themenwahl nicht sein. Die einzelne Problemstellung ist begrenzt durch allgemeine Vorgaben wie die Forderung, nicht nur auf ausgetretenen Pfaden zu gehen, oder andererseits nicht gänzlich neue Erkenntnisse darlegen zu müssen. Vor allem aber ist der begrenzte Umfang ausschlaggebend. Das Thema sollte zudem nicht nur sachspezifische Ansprüche erfüllen, sondern auch Ihre Neigungen und favorisierten Arbeitsschwerpunkte berücksichtigen.

Innerhalb der Grenzen des Rahmenthemas wird der Einzelne unterschiedlich vorgehen müssen:

- Kann **selbst ein Teilbereich ausgewählt werden**, wird es darum gehen zu entscheiden, **welche Aspekte eine Auseinandersetzung ermöglichen**. Im Mittelpunkt der Erwägung sollte nicht nur das Interesse stehen, sondern auch die Frage, welche Quellen und Hilfsmittel für die Erarbeitung benutzt werden können.
- Als Arbeitstitel formulierte **Themenvorschläge** durch den/die Lehrer/in bedeuten noch nicht, dass die Themenfindung bereits abgeschlossen ist. Auch derartige Themen können erfordern, selbst Arbeitsschwerpunkte zu setzen, auch in Bezug auf das eigene Interesse. Vor allem aber muss herausgefunden werden, **welche Aspekte des Themas im Mittelpunkt stehen**. Diese werden gegen benachbarte Aspekte abgegrenzt.

Die Themenfindung stellt ein Zusammenwirken von sachlichen und fachlichen Vorgaben durch das Rahmenthema und individuellen Interessenschwerpunkten dar (siehe Abb. 2.1). Nachfolgend werden die in Abb. 2.1 dargestellten Schritte an Beispielen konkretisiert. Vorausgesetzt wird dabei, dass sich der Einzelne seiner persönlichen Interessen bereits bewusst ist. Im Mittelpunkt stehen die bevorzugten Arbeitsschwerpunkte sowie das Eingrenzen des Themengebietes und die Ermittlung zentraler Fragestellungen.

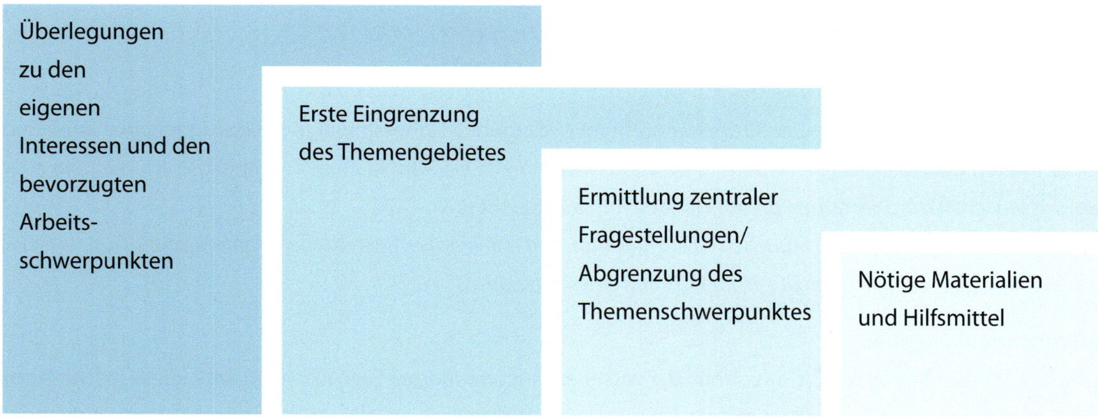

Abb. 2.1: Allgemeine Vorüberlegungen zur Themenfindung

Die Arbeitsschwerpunkte in einer wissenschaftlichen Arbeit

Die wichtigsten Arbeitsschwerpunkte innerhalb des wissenschaftlichen Arbeitens sind auch auf die Facharbeit übertragbar. Diesen Arbeitsschwerpunkten entsprechen bestimmte Methoden, mit deren Hilfe man zu den jeweiligen Ergebnissen gelangen kann. Die wissenschaftlichen Schreibformen, die in Abb. 1.2 dargestellt wurden, gehen als Konsequenz aus den Arbeitsschwerpunkten hervor. Da die Facharbeit in schriftlicher Form alle Problemstellungen und Lösungen des gesamten Arbeitsprozesses darstellt, werden bestimmte Methoden also bestimmte Schreibformen nach sich ziehen. Beispielsweise wird eine Facharbeit im Fach Chemie zum Thema „Bodenchemie" eine empirische Untersuchung einschließen, die anschließend dokumentiert, analysiert und interpretiert wird. Häufig verlangen Themen eine Mischform. Handlungs- oder produktionsorientierte Themenstellungen werden vor allem in bestimmten Fächern wie Kunst oder Musik die Schwerpunktsetzung darstellen. Die folgenden Erläuterungen geben einen Überblick über die verschiedenen Arbeitsschwerpunkte.

- **Literaturanalytisch**

Dies ist ein häufiger Arbeitsschwerpunkt innerhalb des studienorientierten Arbeitens. Es wird vor allem mit bereits vorhandenem Material gearbeitet, das hinsichtlich einer bestimmten Fragestellung untersucht wird. Dementsprechend liegt der Arbeitsschwerpunkt vor allem in der Arbeit mit Primär- und Sekundärtexten. In den Fremdsprachen kommt hier als Besonderheit der Umgang mit der jeweiligen Sprache hinzu, sowohl bei Auseinandersetzung mit fremdsprachlichen Texten als auch beim Formulieren des eigenen Textes.

→ *Geschichte: „Analyse politischer Rhetorik während eines Wahlkampfes"*
→ *Englisch: „The Romeo and Juliet Motif in Contemporary Art and Literature"*

- **Empirisch**

Die Daten für die wissenschaftliche Untersuchung müssen selbst erhoben oder aus einem Experiment gewonnen werden. Sie werden mithilfe bestimmter Fragestellungen und methodischer Verfahren ermittelt und ausgewertet. Umfragen und Interviews fallen unter diesen Arbeitsschwerpunkt; auch Experimente in den Naturwissenschaften dienen dazu, bestimmte Ergebnisse selbst zu ermitteln. Eine besondere Herausforderung stellt dabei die Verbalisierung und Visualisierung dieser Ergebnisse dar.

→ *Geografie: „Analyse eines Stadtviertels: Untersuchungen zum Freizeitverhalten"*
→ *Physik: „Faszination Fliegen: Experimente mit Papierflugzeugen"*

- **Handlungsorientiert**

Die Gestaltung eines bestimmten Prozesses steht im Mittelpunkt. Dabei sind eigene Leistungen im Planen und Organisieren gefordert. Dieser Arbeitsschwerpunkt wird meist ein Aspekt einer Themenstellung sein, die eher auf wissenschaftliche Verfahren als auf Handeln hin ausgerichtet ist.

→ *Deutsch: „Thomas Mann in München – Eine Stadtführung mit literaturtheoretischem Hintergrund"*
→ *Sport: „Fitness und Gesundheit – Durchführung eines Fitnesstests"*

- **Produktionsorientiert**

Es wird ein Produkt angestrebt, das neben der wissenschaftsorientierten Facharbeit entsteht, diese jedoch nicht vollkommen ersetzen wird. In bestimmten Fächern, wie z. B. Kunst, nimmt die produktionsorientierte Aufgabenform sicherlich einen größeren Stellenwert ein als in anderen.

→ *Kunst: „Die Einrichtung der neuen Schulbibliothek: Erstellen eines Modells/Plans innerhalb eines Architekturprojekts"*
→ *Musik: „Erarbeitung und Interpretation eines Musikwerkes aus der Moderne"*

2. Ordnen Sie die unten stehenden Themenstellungen den Arbeitsschwerpunkten zu und überlegen Sie, welche wissenschaftlichen Schreibformen der Abb. 1.2 in Kapitel 1 darin besondere Anwendung erfahren!
3. Überlegen Sie, welche der dargestellten Arbeitsschwerpunkte innerhalb Ihres Rahmenthemas vorstellbar sein könnten!
4. Prüfen Sie mithilfe des Fragenbogens auf S. 12, welche Arbeitsschwerpunkte und Schreibformen Ihnen besonders entgegenkommen!

1. Latein: Das Fortleben und Fortwirken der römischen Antike am Beispiel von Augsburg.
2. Deutsch: Die Literaturverfilmung von Süßkinds „Parfum“: Gesellschaftskritik in Roman und Film.
3. Geografie: Der Stadtteil Milbertshofen. Stadtstrukturen und Stadtentwicklung im Hinblick auf das planerische Leitbild „Kompakt Urban Grün“ der Stadt München.
4. Wirtschaft und Recht: Aktuelle Krisen auf den Finanzmärkten: Gründe, Auswirkungen und politische Maßnahmen.
5. Biologie: Versuche zur Lichtabhängigkeit der Fotosynthese.
6. Chemie: Isolierung von Koffein und Bestimmung des Koffeingehaltes von Getränken.

Abb. 2.2: Facharbeitsthemen als Beispiele unterschiedlicher Arbeitsschwerpunkte

	Arbeitsschwerpunkte: Soll in meiner Arbeit …	… viel Raum einnehmen					… wenig Raum einnehmen
literaturanalytische Schwerpunktsetzung	Informationsentnahme aus Büchern	☐	☐	☐	☐	☐	☐
	Zusammentragen von Wissen	☐	☐	☐	☐	☐	☐
	Suche in Bibliotheken, Archiven	☐	☐	☐	☐	☐	☐
	Untersuchen von gegebenen Zusammenhängen	☐	☐	☐	☐	☐	☐
	Einordnen von Informationen in andere Zusammenhänge	☐	☐	☐	☐	☐	☐
	Umformulieren bekannter Ergebnisse	☐	☐	☐	☐	☐	☐
	Vergleichen von Theorien, Quellen, Texten	☐	☐	☐	☐	☐	☐
	Interpretieren von Sachverhalten, Quellen, Ergebnissen	☐	☐	☐	☐	☐	☐
	Genaues Untersuchen von Texten	☐	☐	☐	☐	☐	☐
	Strukturieren von gegebenen Informationen	☐	☐	☐	☐	☐	☐
	Arbeit am Schreibtisch	☐	☐	☐	☐	☐	☐
	Suchen von Fakten in Büchern, Zeitschriften, Internet	☐	☐	☐	☐	☐	☐
	Anlehnen der Formulierungen an untersuchte Texte	☐	☐	☐	☐	☐	☐
empirische Schwerpunktsetzung	Überprüfen von Behauptungen	☐	☐	☐	☐	☐	☐
	Lösen noch nicht geklärter Problemstellungen	☐	☐	☐	☐	☐	☐
	Zusammenarbeit mit Experten	☐	☐	☐	☐	☐	☐
	Erklären eines Phänomens durch eigene Untersuchungen	☐	☐	☐	☐	☐	☐
	Durchführung eigener Interviews	☐	☐	☐	☐	☐	☐
	Ermitteln neuer Daten durch eigene Erhebungen	☐	☐	☐	☐	☐	☐
	Interpretieren selbst ermittelter Werte	☐	☐	☐	☐	☐	☐
	Entwickeln von Neuem	☐	☐	☐	☐	☐	☐
	Testen methodisch-experimenteller Verfahren	☐	☐	☐	☐	☐	☐
	Eigenständige Formulierungen eigener Ergebnisse	☐	☐	☐	☐	☐	☐
produktionsorientierte Schwerpunktsetzung	Selbstständige Gestaltung	☐	☐	☐	☐	☐	☐
	Einbringen der eigenen Kreativität	☐	☐	☐	☐	☐	☐
	Kontakt mit Menschen	☐	☐	☐	☐	☐	☐
	Anfertigen von Modellen	☐	☐	☐	☐	☐	☐
	Einbringen von handwerklichem Geschick	☐	☐	☐	☐	☐	☐
	Einbeziehen künstlerischer Fähigkeiten	☐	☐	☐	☐	☐	☐
handlungsorientierte Schwerpunktsetzung	Planen von – Veranstaltungen	☐	☐	☐	☐	☐	☐
	– Ausstellungen	☐	☐	☐	☐	☐	☐
	– Führungen	☐	☐	☐	☐	☐	☐
	Szenisches Darbieten, z. B. Aufführungen	☐	☐	☐	☐	☐	☐
	Durchführen von Veranstaltungen, z. B. Themenabende	☐	☐	☐	☐	☐	☐
	Sportveranstaltungen	☐	☐	☐	☐	☐	☐
	Lösen organisatorischer Aufgaben	☐	☐	☐	☐	☐	☐

Abb. 2.3: Fragebogen zu den Arbeitsschwerpunkten

Eingrenzung des Themengebietes

Eine erste Eingrenzung des Themengebietes ist möglich, sobald feststeht, mit welchen inhaltlichen und methodischen Schwerpunkten Sie sich auseinandersetzen möchten. Die Abb. 2.4–2.7 zeigen am Beispiel der Themen „Literaturverfilmungen" (Deutsch) sowie „Paris et la banlieue" (Französisch), welche Ideen für die Eingrenzung des Themengebietes entstehen können, nachdem die eigenen Interessen und bevorzugten Arbeitsschwerpunkte analysiert wurden. Daraus ergeben sich dann die zentrale Fragestellung sowie die benötigten Hilfsmittel.

Eigene Interessen:
- Lesen von Romanen
- Spannung, Kriminalplots
- Kinofilme
- Kostüm-/Historienfilme
- Aktuelle Literatur

Arbeitsschwerpunkte:
- Genaues Untersuchen von Quellen
- Interpretieren von literarischen Texten
- Arbeit mit Sekundärliteratur
- Eigenständiges Entwickeln von Ideen

Idee:
Vergleich eines bekannten Romans mit einem aktuellen/neuen Film

Möglichkeiten:
- Hilfestellung durch Sekundärliteratur
- Durch Aktualität der Quelle Möglichkeit einer eigenständigen Analyse
- Analyse und Interpretation als eigentlicher Arbeitsschwerpunkt

Zentrale Fragestellung:

Hilfsmittel:

Abb. 2.4: Vorüberlegungen auf dem Weg zur Themenfindung, Beispiel einer Arbeit im Fach Deutsch zum Rahmenthema „Literaturverfilmungen" mit *quellenanalytischer Schwerpunktsetzung*

Eigene Interessen:
- Spannung, Kriminalplots
- Filmische Mittel, z. B. zum Erzielen von Spannung
- Kinofilme

Arbeitsschwerpunkte:
- Interpretationen
- Kein reines Umformulieren von gegebenen Ergebnissen
- Eigenständiges Entwickeln von Ideen
- Selbstständige Gestaltung
- Orientierung nach außen/Experten

Idee:
- Interpretation der spannenden Stellen eines Films
- Einbringen von Eigentätigkeit durch Untertitelung einer Szene für Gehörlose

Möglichkeiten:
- Interpretation
- Eigentätigkeit durch Untertitelung als Arbeitsschwerpunkt
- Nutzen von Experten

Zentrale Fragestellung:

Hilfsmittel:

Abb. 2.5: Vorüberlegungen auf dem Weg zur Themenfindung, Beispiel einer Arbeit im Fach Deutsch zum Rahmenthema „Literaturverfilmungen" mit *produktionsorientierter Schwerpunktsetzung*

Eigene Interessen:
- Interesse an Land und Leuten
- Persönliche Kontakte einbringen
- Vertiefen der Sprachkenntnisse durch Lektüre und Konversation

Arbeitsschwerpunkte:
- Keine rein textlastige Arbeit
- Recherche vor Ort beim nächsten Frankreichaufenthalt (Einbringen von eigenen Erhebungen, empirisches Vorgehen)

Idee:
Das Leben von Jugendlichen in der ‚banlieue'

Möglichkeiten:
- Einbringen des landeskundlichen Interesses
- Kommunikation mit Einheimischen
- Nutzen der persönlichen Kontakte als Hilfe bei der Kontaktaufnahme
- Umfangreiche Sekundärliteratur als Basis für die eigene Fragestellung

Zentrale Fragestellung:

Hilfsmittel:

Abb. 2.6: Vorüberlegungen auf dem Weg zur Themenfindung, Beispiel einer Arbeit im Fach Französisch zum Rahmenthema „Paris et la banlieue" mit *empirischer Schwerpunktsetzung*

Eigene Interessen:
- Politik
- Gesellschaftlich relevante Themen
- Aktuelle Fragestellungen
- Einbringen sehr guter Sprachkenntnisse

Arbeitsschwerpunkte:
- Genaues Untersuchen von Quellen (aber keine fiktionalen Texte)
- Analyse von journalistischen Texten (rein literaturanalytisch)

Idee:
Auswertung der aktuellen Berichterstattung über die ‚banlieue'

Möglichkeiten:
- Einbringen des Interesses an sozialpolitischen Themen
- Sichten und Analysieren von aktuellen Texten
- Einsetzen der nahezu perfekten Sprachkenntnisse in der Analyse von Zeitungstexten

Zentrale Fragestellung:

Hilfsmittel:

Abb. 2.7: Vorüberlegungen auf dem Weg zur Themenfindung, Beispiel einer Arbeit im Fach Französisch zum Rahmenthema „Paris et la banlieue" mit *literaturanalytischer Schwerpunktsetzung*

Ermittlung zentraler Fragestellungen/Abgrenzung des Themenschwerpunktes

Um innerhalb eines knappen Zeitrahmens eine Arbeit mit wissenschaftlichem Anspruch zu verfassen, muss in Folge darauf geachtet werden, dass deren Umfang begrenzt ist. Hierfür ist nötig, das im vorherigen Schritt entwickelte Themengebiet vor dem Schreiben enger abzustecken, da sonst die Gefahr entsteht, dass die Facharbeit während des Entstehungsprozesses immer weiter ausufert.

Es geht dabei darum, die genaueren inhaltlichen Fragen und Problemstellungen zu ermitteln, die aufgenommen werden. Aspekte, die daneben liegen, werden bewusst ausgeschlossen. Dies macht aber deutlich: Ohne weitere Hintergrundinformationen ist der Schritt, in dem die zentrale Fragestellung ermittelt werden soll, nicht möglich. Die Recherche zu dem jeweiligen Thema wird die unterschiedlichsten Aspekte ans Licht bringen: Diese Fragestellungen, inhaltlichen Gesichtspunkte oder Theorien eröffnen ein weites Feld, das vor der endgültigen Schwerpunktsetzung geordnet werden muss.

Dieser Arbeitsschritt des Ordnens und Strukturierens beinhaltet die eigentliche Abgrenzung des Themenschwerpunktes, denn hier wird schon deutlich, welche Aspekte nicht interessieren, zu weit führen oder zugunsten der gewählten Fragestellung zurücktreten müssen. Im Einzelnen gliedert sich dieser Schritt in folgende Ebenen:

Ebene 0: Übergeordnetes Themengebiet
Nach dem Abwägen von Neigungen, persönlichem Interesse und gewünschtem Arbeitsschwerpunkt entstand im ersten Schritt (Abb. 2.4–2.7) eine erste Idee, welches Themengebiet innerhalb des Rahmenthemas favorisiert wird.

Ebene 1: Ermitteln von Fragestellungen
Ein Brainstorming zum übergeordneten Themengebiet ergibt eine große Bandbreite an Einfällen, die mit diesem zusammenhängen. Ausgeschlossen werden bereits Aspekte, die nicht dem unmittelbaren Interesse entsprechen.
Mögliche Fragen: Welche Fragestellungen innerhalb des übergeordneten Themengebietes eröffnen sich? Welche Aspekte sind von Interesse innerhalb dieses Themengebietes? Welche Fragestellungen sind besonders reizvoll?

Ebene 2 und 3: Konkretisieren der einzelnen Aspekte
Hier wird geprüft, ob die Fragestellungen auch weiterführen, ob die einzelnen Aspekte auch gehaltvoll genug sind.
Mögliche Fragen: Welche Untergliederung der einzelnen Aspekte, der einzelnen Fragestellungen ist vorstellbar? Welche Inhalte finden sich dazu im Werk?

Ebene 4: Bestimmte Schwerpunktsetzung als Ergebnis
In der Fülle der Aspekte, die zum Teil zusammenhängen, wird ein oder werden bestimmte Aspekte ins Auge stechen, weil sie besonders provokant oder ergiebig sind, weil sie interessante Zusammenhänge aufweisen. Am Ende des Prozesses werden ein oder mehrere Schwerpunktthemen zur Verfügung stehen. Im günstigsten Fall ergeben die Aspekte der untergeordneten Ebenen bereits eine erste Gliederung, eine erste Beantwortung der Fragestellung, die Sie mit Ihrem Lehrer besprechen können.
Mögliche Fragen: Welche Aspekte hängen zusammen? Welcher thematische Zusammenhang interessiert mich besonders?

Diese Ebenen finden sich auch in den Abb. 2.8 (S. 17) und Abb. 2.9 (S. 18), die die Ermittlung zentraler Fragestellungen wiederum am Beispiel der Arbeitsthemen „Literaturverfilmungen" sowie „Paris et la banlieue" darstellen. Am Ende dieses Arbeitsschrittes steht die Formulierung eines Titels für die Arbeit. Da dieser schon feststeht, bevor der größte Teil der Recherche abgeschlossen ist, wird von einem Arbeitstitel gesprochen. Im Laufe der Informationsbeschaffung kann es sein, dass er – in Absprache mit dem/der Lehrer/in – noch weiter eingeschränkt oder in Teilen geändert werden muss.

Nötige Materialien und Hilfsmittel

Bereits während der Eingrenzung des Themas sollten Sie beachten, welche Hilfsmittel und Materialien für die Bearbeitung erforderlich sind. Auch hier sind wie beim Umfang der Facharbeit gewisse Grenzen gesetzt. Während sich beispielsweise der Roman und die DVD „Das Parfum" vergleichsweise leicht besorgen lassen, ist ein Interview mit dem Regisseur des Films vermutlich nicht zu realisieren. Dies kann wiederum Konsequenzen auf die Eingrenzung des Themas haben.

5. Notieren Sie bereits während Ihrer Recherche im Rahmen der Themenfindung alle auffallenden Aspekte oder Fragestellungen und diskutieren Sie mit Ihren Mitschülern deren Relevanz!
6. Bringen Sie diese Stoffsammlung bis zu einem einheitlich gesetzten Termin in eine Ordnung, die Sie dem/der Lehrer/in vorstellen können!
7. Beziehen Sie zur Auswahl des eigentlichen Themas Ihre/n Lehrer/in in Ihre Überlegungen ein und formulieren Sie gemeinsam einen griffigen Arbeitstitel!

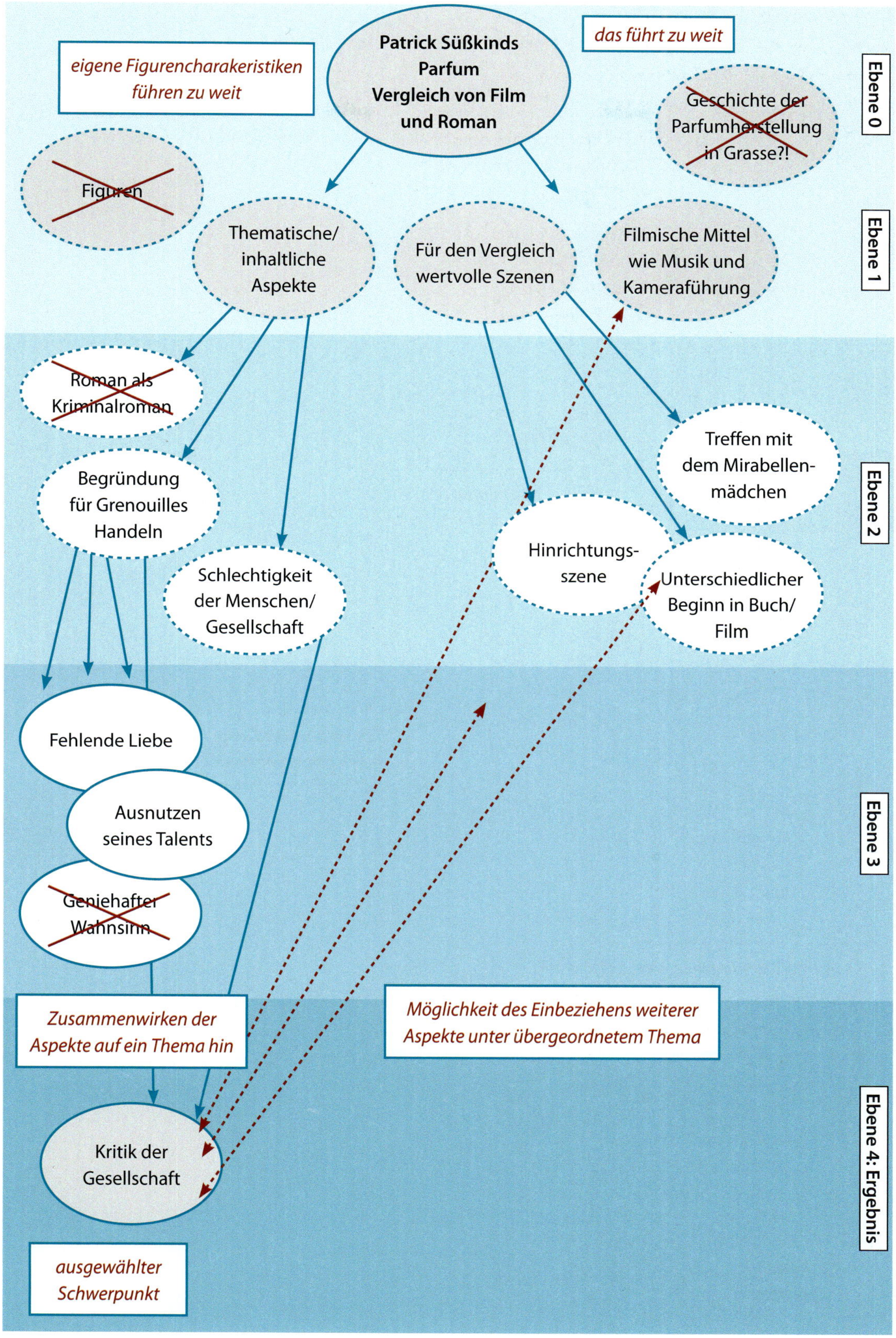

Abb. 2.8: Ermittlung einer zentralen Fragestellung in Abgrenzung zu anderen Aspekten am Beispiel des Themas „Literaturverfilmungen"

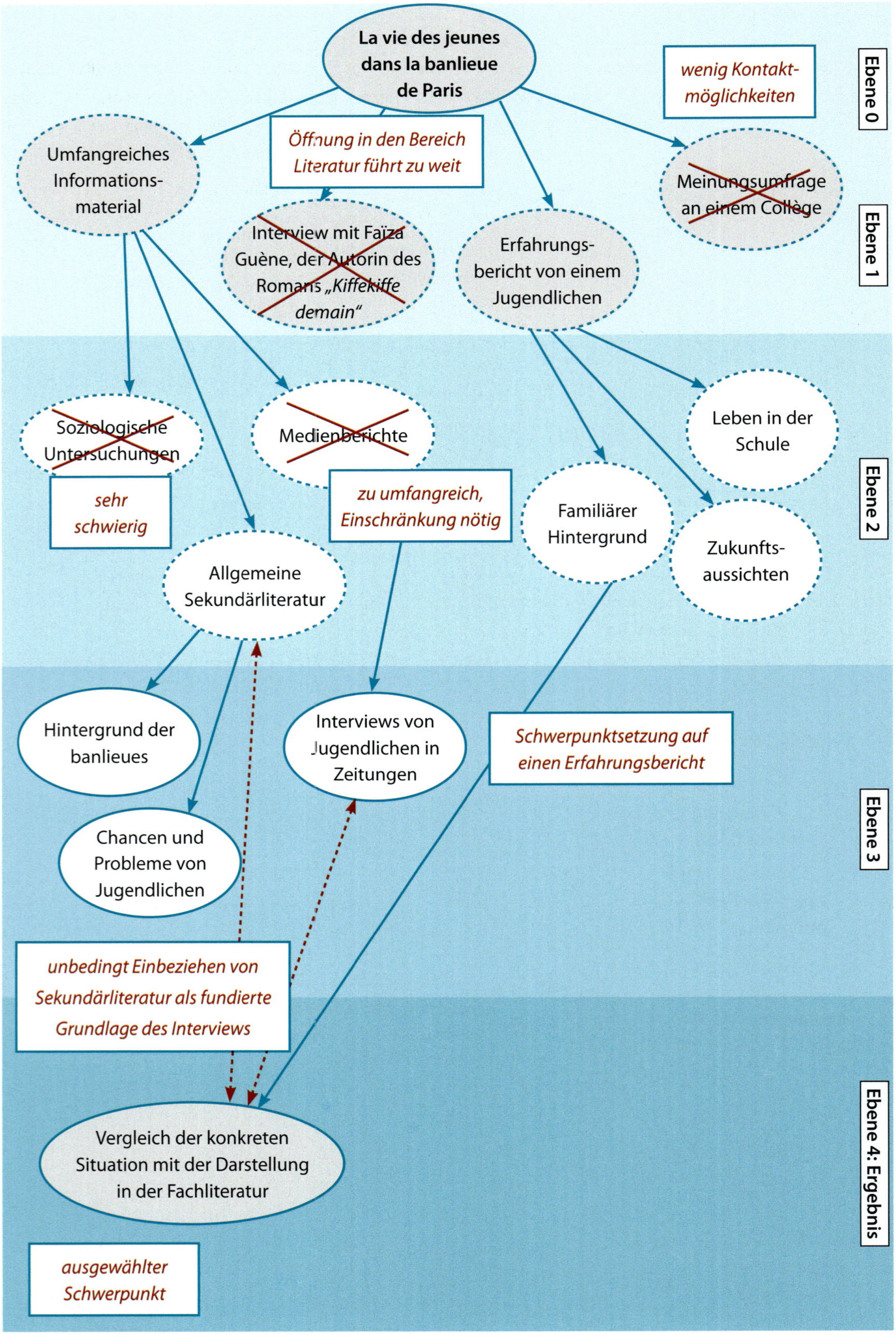

Abb. 2.9: Ermittlung einer zentralen Fragestellung in Abgrenzung zu anderen Aspekten am Beispiel des Themas „Paris et la banlieue“

Die Zeitplanung

Wenn auch die Themenfindung die interessanteste Aufgabe der ersten Wochen zu sein scheint, sollte daneben auch der Zeitplanung Beachtung geschenkt werden. Das fesselndste Thema ist wenig wert, wenn die Zeit zu seiner Bearbeitung nicht ausreicht. Unbedingt sollten bereits zu Beginn des Schreibprozesses allgemeine Vorgaben bekannt sein, so z. B. der Zeitpunkt der Abgabe, die Daten für die zu erbringenden Zwischenergebnisse oder weitere wichtige Termine des Schuljahrs. Auch Informationen über Gegebenheiten innerhalb und außerhalb der Schule sollten eingeholt werden. Sie beeinflussen die zeitliche Planung. Wenn z. B. vorab das Wissen von Experten eingeholt oder Archive aufgesucht werden sollen, die nur zu bestimmten Zeiten zur Verfügung stehen, oder wenn bestimmte Arbeitstechniken angewendet werden müssen, die einen zeitlichen Vorlauf benötigen, muss das vorab bekannt sein, um nicht am Ende in Zeitknappheit zu geraten. Zu klären ist,

1. welche **Quellen und Institutionen** nützlich sein können. Dazu gehören Lexika ebenso wie das Internet oder die zur Verfügung stehenden Einrichtungen wie Bibliotheken, Archive u. Ä., von denen man nachweisbare Informationen erhalten kann.
2. welche **Untersuchungsmethoden** vorab festgelegt werden müssen. Insbesondere bei Seminararbeiten mit empirischem oder produktionsorientiertem Schwerpunkt muss feststehen, welche fachspezifischen Verfahren vorausgesetzt werden.
3. welches **Material**, welche Apparaturen oder Stoffe in den Naturwissenschaften nötig sind, um die Untersuchung durchzuführen, und welche Genehmigungen möglicherweise eingeholt werden müssen.
4. welche **Hilfestellungen von außen**, z. B. von Forschungseinrichtungen oder Spezialisten bestimmter Bereiche, nutzbringend oder notwendig sind.

Anhand dieser Aufgaben wird ein Zeitplan angelegt, der vom Enddatum her konzipiert sein sollte. Um Verzögerungen ausgleichen zu können, sollte dieses Enddatum **vor** dem eigentlichen Abgabetag liegen. In regelmäßigen Abständen sollte kontrolliert werden, ob der Zeitrahmen noch erfüllt ist.

Die allgemeinen Vorgaben der Facharbeit:

- Umfang etwa 10–15 Seiten
- Genaues Abgabedatum erfragen!
- Lehrer als Ansprechpartner!

Aufgabe in der benötigten Abfolge	*Zeitrahmen/Soll*	*Zeitrahmen/Ist*	*Kontrolle/Abweichung*
Beschaffen eines Bibliotheksausweises Beschaffen der Sekundärliteratur Sichten/Recherchieren der relevanten Informationen …	11.11.20_ _ 17.11.20_ _		am 16.11. noch <u>nicht</u> erledigt → unbedingt rechtzeitig vor Ort sein!!!

Abb. 2.10: Beispiel eines Zeitplans

8. Gehen Sie den auf der folgenden Doppelseite dargestellten exemplarischen Ablaufplan durch und überlegen Sie, wie viel Zeit Sie für die einzelnen Phasen einplanen würden, um das Abgabedatum einhalten zu können.

	Phase 1	Phase 2	Phase 3	Phase 4
Allgemeiner Ablauf	Beschäftigung mit dem Rahmenthema, ggf. durch Mithilfe von externen Referenten und Exkursionen	Herauskristallisieren einzelner Themen	Eingrenzung auf eine zentrale Fragestellung, auf ein bestimmtes Facharbeitsthema Recherche: Auswahl und Beschaffen von Literatur und Materialien	Erste Materialauswertung und Materialaufbereitung verbunden mit der endgültigen Festlegung des Themas weitere Recherche Verfassen von ersten Texten
Eigene Planung, Kenntnisstand	*Welche verschiedenen Aspekte hat das Rahmenthema?* *Welche Kontakte zu externen Referenten oder Institutionen können mir möglicherweise später noch nützen?*	*Welche Interessen möchte ich einbringen?* *Welche Themenstellung kommt mir entgegen?* *Ich plane das zeitliche Vorgehen bis zur Themenfindung!*	*Welche Fachliteratur brauche ich und wohin wende ich mich für die Recherche?* *Welche Öffnungszeiten haben wichtige Institutionen (Bibliothek, Labor etc.)?* *Ich beschaffe mir einen Ausweis für die Bibliothek und nötige Genehmigungen!* *Ich plane mein zeitliches Vorgehen bis zur Abgabe der Arbeit!*	*Welche Art von Archivierung der Quellen lege ich an, z. B. Karteikarten?* *Wie erstelle ich einen Fragebogen bei einer eigenen Datenerhebung?* *Welche der gefundenen Quellen sind sinnvoll?*

Abb. 2.11: Exemplarischer Ablaufplan

Phase 5	Phase 6	Phase 7	Phase 8
Materialauswertung Erstellen der Gliederung, weitere Schreibversuche, z. B. Erstellen eines Exposés über das bereits Erarbeitete	Materialaufbereitung, Schreibvorgang Erarbeitung des Konzepts und Umsetzung bei empirischen, handlungs- und produktionsorientierten Arbeiten	Endgültiger Abschluss der Datenerhebung Erstellen eines Rohmanuskripts	Abgabe des formal korrekten Manuskripts
Ich strukturiere meine Informationen, *formuliere Antworten auf die zentralen Fragestellungen (Thesen),* *erstelle eine endgültige Gliederung!*	*Ich setze meine theoretischen Vorarbeiten in die Praxis um (z. B. Experimente, Umfragen)!* *Ich beginne mit dem Abfassen der Arbeit!*	*Ich entwickle notwendige Visualisierungen!*	*Zeit ist eingeplant …* *für das Korrekturlesen,* *für das Angleichen des Literaturverzeichnisses,* *für das Gestalten des Deckblattes und Anlegen des Anhangs,* *für den Ausdruck,* *möglicherweise für das Binden.*

Abgabe

3 Bibliografieren

Abb. 3.1: Tägliche Informationsflut

Wenn der grobe Zeitplan gemacht ist, beginnt die Recherchearbeit. Wer wissenschaftliche Ergebnisse präsentiert und über Forschung schreibt, muss nicht nur wissen, wo er sich die geeigneten Informationen beschaffen kann. Er muss diese Informationen auch aufnehmen, verarbeiten, sortieren und anschließend klar strukturieren, um sie sachlich richtig in der eigenen Arbeit wiederzugeben. Gute Recherchearbeit ist daher eine wichtige Voraussetzung, um eine fundierte Facharbeit schreiben zu können. Dabei kommt es nicht auf die Masse der Informationen an, sondern auf die Qualität und Glaubwürdigkeit der jeweiligen Information und Quelle. Es ist von wesentlicher Bedeutung, im Vorfeld danach zu fragen, in welchen Quellen die benötigten Informationen voraussichtlich zu finden sind. Informationsquellen können Bibliotheken, Museen, Archive, Datenbanken, öffentliche Einrichtungen, Experten und das Internet sein. Recherche bedeutet also, relevante Informationen zu beschaffen, auf Zuverlässigkeit zu prüfen, auszuwerten und gegebenenfalls zu vereinfachen, um reale Vorgänge und Geschehen nachvollziehbar darzustellen.

Glaubwürdigkeit basiert auf guter Recherchearbeit.

Forderungen an gute Recherchearbeit

- **Relevanz:** Beinhalten die beschafften Informationen wichtige Aspekte zum Thema? Sind die Sachverhalte von Interesse und praktischem Nutzwert?
- **Gültigkeit:** Sind die Informationen in Bezug auf die Sachverhalte, über die berichtet wird, tatsächlich zutreffend?
- **Verständlichkeit:** Sind die Informationen präzise und so ausführlich, dass Zusammenhänge nachvollziehbar sind?

(nach: Haller, Michael. Recherchieren. 6. Auflage. Konstanz: UVK 2004, S. 51)

Besonders wichtig bei der Recherche für die Facharbeit sind das Sammeln und Auswerten von wissenschaftlicher Sekundärliteratur. Aber auch systematische Datenerhebungen, Interviews oder persönliche Nachfragen schriftlicher bzw. telefonischer Art gehören zur Recherchearbeit wie die eigene Beobachtung, beispielsweise bei Veranstaltungen oder in öffentlichen Einrichtungen. Fotos zählen in diesem Zusammenhang zu den eigenen Beobachtungen und ergänzen schriftliche Aufzeichnungen.

Es ist von wesentlicher Bedeutung, danach zu fragen, in welchen Arten von Quellen die benötigten Informationen voraussichtlich zu finden sein werden. Eine Auswahl von Quellen zeigt Abb. 3.2:

	Wissenschaftliche Sekundärliteratur	**Allgemeine Daten und Dokumente**	**Aktuelle Artikel und Beiträge**	**Eigene Erhebungen und Beobachtungen**
Art der Quelle	• Bücher • Fachzeitschriften • Dissertationen (Doktorarbeiten)	• Melderegister • Historische Karten • Museumskataloge • Unternehmensberichte	• Zeitungsreportage • Radiobeitrag • TV-Dokumentation • Fachvortrag • Pressemitteilungen von Unternehmen	• Interviews mit Zeitzeugen • Umfrage • Expertengespräch
Ort der Recherche	• Bibliotheken (vor Ort oder über Online-Zugang) • Datenbanken • Wissenschaftliche Institute • …	• Behörden • Kirchenarchiv • Museen • …	• Zeitungen • Hörfunk • Fernsehen • Internet • CDs/DVDs • …	• Veranstaltungen • Fachmessen • Hochschule • …
Beispiele	• Bayerische Staatsbibliothek • Max-Planck-Gesellschaft	• Archiv der ev. Landeskirche Bayern • Katasteramt der Gemeinde	• Zeitungsinterview mit einem Hirnforscher • Kanzlerduell im TV	• Wahlkampfveranstaltung • Jubiläumsfest des Sportvereins

Abb. 3.2: Informationsquellen für die Recherche

Hilfsmittel für die Recherche

Wer erfolgreich recherchieren will, kann auf verschiedene Hilfsmittel zurückgreifen. Grundsätzlich wichtig ist der professionelle Umgang mit dem Computer und der entsprechenden Software, um verschiedene Quellen oder Adressen zu finden bzw. um Tabellen sowie Statistiken in einem angemessenen Zeitumfang zu erstellen. Für die Recherche wissenschaftlicher Sekundärliteratur bieten sich vor allem die (Online-) Kataloge der Bibliotheken an, während bei Internetrecherche Suchmaschinen und Linklisten helfen können, z. B. um Kontaktadressen herauszufinden. Aber auch das Telefon sollte als Hilfsmittel nicht vernachlässigt werden, da sich viele Fragen oftmals besser telefonisch klären lassen als z. B. per E-Mail oder Post. Nicht zuletzt sollte man bei der Recherche, z. B. in der Bibliothek, stets Kugelschreiber und Notizblock dabei haben, um wichtige Informationen schnell zu notieren. Ein weiteres wichtiges Hilfsmittel stellen allgemeine Nachschlagwerke dar, die man häufig in Bibliotheken findet, die oft aber auch auf CD-ROM und DVD verfügbar sind.

Die Recherche in den unterschiedlichen Medien wird eine Fülle von Informationen zu Tage fördern, die dabei helfen, die Fragestellungen der Arbeit nach und nach zu klären. Wissenschaftspropädeutischen Anspruch bekommt die Facharbeit jedoch erst, wenn dokumentiert werden kann, mit welchen Fakten, Gedanken oder Ergebnissen die eigenen Gedankengänge entwickelt wurden. Erst dieses Vorgehen macht die Arbeit glaubwürdig. Zum Nachweis dieser Glaubwürdigkeit müssen Sie alle Werke und Titel, aus denen Sie zitiert oder auf die Sie verwiesen haben, im Literaturverzeichnis – auch Bibliografie genannt – aufführen. Diese Bibliografie dient dazu, dass der Leser jede Quelle auffinden kann. Fertiggestellt wird sie zwar erst am Ende der Arbeit; zum Zeitpunkt der Recherche ist es jedoch bereits nötig, die Prinzipien des Bibliografierens zu kennen, damit kein Werk verloren geht. So ist ein frühzeitiges Anlegen der Bibliografie durchaus sinnvoll. Innerhalb der Bibliografie wird häufig untergliedert. Eine systematische Darstellung empfiehlt sich insbesondere bei einer großen Anzahl von Werken, z. B. nach folgenden Aspekten:

Eine zu kleinschrittige Unterteilung macht durch viele Unterüberschriften einzelne Werke schwer auffindbar!

- Primärliteratur/Quellen
- Sekundärliteratur/Wissenschaftliche Fachliteratur

Möglich sind weiterhin Kategorien wie:
- Wörterbücher oder Lexika oder Grammatiken
- Zeitschriftenaufsätze
- Internetartikel

Welche Angaben machen das Werk wieder auffindbar?

Die Informationen über das einzelne Werk werden systematisch angegeben. Es kann auch durchaus fachspezifische Unterschiede in der Anordnung der einzelnen Angaben geben (siehe folgende Seite). Auch die Gestaltung – z. B. nach dem Verfasser ein Komma oder ein Doppelpunkt – ist nicht immer die gleiche. Die folgende Checkliste zeigt die verschiedenen Bestandteile bibliografischer Angaben.

✓ **Checkliste: Bestandteile bibliografischer Angaben**

✓ Verfasser oder Herausgeber: Nachname und Vorname
✓ Genauer Titel und gegebenenfalls Untertitel
✓ Bei Übersetzungen: die Originalsprache und der Übersetzer
✓ Auflage (ab der 2. Auflage)
✓ gegebenfalls Nummer des Bandes
✓ Erscheinungsort
✓ Verlag
✓ Erscheinungsjahr
✓ bei Artikeln oder Aufsätzen (aus einem Sammelband oder einer Zeitschrift/Zeitung): Seitenangaben für den gesamten Artikel/Aufsatz

In der Theorie scheint das Bibliografieren ganz einfach zu sein. Wer aber damit beginnt, die ersten bibliografischen Angaben festzuhalten, wird feststellen, dass es schwer ist, eine einheitliche Linie für alle Werke durchzuhalten. In Deutschland gibt es keine einheitlichen Standards für das Bibliografieren in wissenschaftlichen Abhandlungen, sodass es viele Varianten bei der Gestaltung von Literaturangaben gibt. Welchen Konventionen der einzelne Fachbereich folgt, muss daher individuell herausgefunden werden. Immer mehr Fachbereiche verständigen sich aber darauf, die Systeme anzupassen und zu standardisieren. International anerkannt sind vor allem die Richtlinien von zwei Standardsystemen.

APA-Standard
Den Empfehlungen der American Psychological Association (APA) zum Zitieren wird auch außerhalb der Psychologie gefolgt, beispielsweise in den Sportwissenschaften und vielen Naturwissenschaften.

MLA-Standard
Die Modern Language Association of America (MLA) ist ein Verband für Literaturwissenschaftler. Der MLA-Standard ist Grundlage für die englischsprachige Literaturwissenschaft, aber auch für viele andere Disziplinen.

Unabhängig davon, für welches System man sich entscheidet, gilt grundsätzlich: Alle Elemente müssen enthalten und durchgängig nach **einem** System dargestellt sein. Üblich ist, den Nachnamen des Autors an erster Stelle zu nennen und die Bibliografie davon ausgehend alphabetisch zu ordnen.

1. Erkundigen Sie sich, möglicherweise bei einer Exkursion, in der Fakultätsbibliothek einer naheliegenden Hochschule, welche Konventionen in dem Fachbereich Ihres Themengebietes vorherrschen!

Häufige Publikationsformen von Quellen

Die folgenden Angaben orientieren sich am MLA-Standard.

Bücher

- **Monografie (ein Verfasser)**
  Nachname, Vorname. *Titel*. Erscheinungsort: Verlag, Erscheinungsjahr.
- **Mehrere Verfasser**
  Alle Verfasser finden Erwähnung; dabei steht ab dem zweiten Verfasser der Vorname vor dem Nachnamen. Vor dem letzten Verfasser steht „und". Bei mehr als drei Verfassern kann man nur den ersten Verfasser, gefolgt von „et al." oder „u. a.", nennen.
- **Sammelbände**
  Wenn ein Werk von mehreren Verfassern stammt, deren Beiträge von einem Herausgeber gesammelt wurden, wird nur der Herausgeber genannt, gekennzeichnet durch den Zusatz „Hg." oder „Hrsg." vor dem Namen. Der Herausgeber steuert die Zusammenstellung der einzelnen Beiträge und tritt so als „geistiger Leiter" des Sammelbandes auf.

Aufsätze oder Artikel

- **Aufsatz in einem Sammelband**
  Wenn auf einen bestimmten Aufsatz innerhalb eines Sammelbandes verwiesen wird, werden Verfasser und Titel des Aufsatzes angegeben, woran Titel und Herausgeber des Sammelbandes angefügt werden. Dabei wird der Titel des Beitrags in Anführungszeichen und der Titel des Sammelbandes kursiv gesetzt:

  Nach- und Vorname des Verfassers. „Titel." *Titel des Sammelbandes.* Hg. Vorname, Nachname des Herausgebers. Erscheinungsort: Verlag, Erscheinungsjahr. Seitenangabe.

- **Aufsatz in einer Fachzeitschrift**
  Genannt werden Verfasser und Titel des Aufsatzes, der zur Verdeutlichung in Anführungszeichen gesetzt wird, an die sich der Name der Zeitschrift *(kursiv gesetzt)*, deren Nummer und Jahrgang anschließen. Wichtig ist hier die Nennung der Seitenangabe des Aufsatzes.

  Nachname, Vorname. „Titel des Aufsatzes." *Zeitschriftenname* Nummer (Jahrgang der Zeitschrift): Seitenangabe des Aufsatzes.

- **Zeitungstext**
  Ebenso wie bei einer Fachzeitschrift werden hier der Zeitungsname, die Nummer, das Erscheinungsdatum und die Seite angegeben.

  Nachname, Vorname. „Titel des Artikels." *Zeitungsname* Nummer Erscheinungsdatum: Seitenangabe des Artikels.

Zitieren von Internetquellen

Auch bei Daten aus dem Internet, seien es Artikel, Bilder oder andere Informationen, muss die Angabe die Quelle auffindbar machen. Hier ist Vorsicht geboten, da schon kleinste Fehler die Adresse unauffindbar machen und da durch die Schnelllebigkeit des Mediums die Inhalte im Netz sich kurzfristig ändern können. Vermerkt wird daher immer auch das genaue Datum der Informationsentnahme vor der vollständigen URL, also des ganz genauen Fundortes. Auch bei Internetquellen wird man versuchen, den Verfasser und den Titel eines Artikels und die publizierende Institution zu nennen. Die Reihenfolge entspricht dann der Angabe von normalen Artikeln, an die Datum und URL angefügt werden. Kann man keinen Artikel oder Verfasser finden, wird ein Stichwort angegeben, das das Thema der Seite bezeichnen kann.

Nachname, Vorname (wenn vorhanden). „Titel des Beitrages." Homepage. Datum des Zugriffs. *http://www.TitelderSeite.de/genauerPfad/Dateiname.htm.*

Hornig, Frank, Martin U. Müller und Susanne Weingarten. „Die Datensucht." *DER SPIEGEL* 33 11.08.2008: 80-92.

„Titelblatt." Meyers Online Lexikon. 29.10.2008. *http://lexikon.meyers.de/wissen/Titelblatt+%28Sachartikel%29.*

Hachtmann, Rüdiger et al. *Deutsche Geschichte: Wie wir wurden, was wir sind: 19. Jahrhundert 1789-1918.* Stuttgart: Ernst Klett Verlag, 2002.

Jeziorkowski, Klaus. „Zu Ernst Jandls Gedicht ‚bibliothek'." *Gedichte und Interpretationen, Band 6: Gegenwart I.* Hrsg. Walter Hinck. Stuttgart: Reclam, 1982. 188–197.

Molière. *Der Tartuffe oder Der Betrüger: Komödie in fünf Aufzügen.* Aus dem Französischen übers. v. Monika Fahrenbach-Wachendorf. Stuttgart: Reclam, 1989.

2. Ordnen Sie die Literaturhinweise den Publikationsformen zu!
3. Suchen Sie sich mehrere Werke aus Ihrer Schulbibliothek und üben Sie das Bibliografieren!
4. Bringen Sie in Erfahrung, welche Besonderheiten die bibliografischen Angaben des APA-Standards vom MLA-Standard unterscheiden!

4 Aufbau

Anordnen

Wenn die Recherchearbeit abgeschlossen ist, sollte eine Gliederung für die Facharbeit erstellt werden. Aufsätze aus dem Fach Deutsch werden nach bestimmten Aspekten gegliedert und systematisch aufgebaut. So wie unterschiedliche Aufsatzarten unterschiedliche Gliederungen fordern, haben auch nicht alle Fachdisziplinen die gleiche Herangehensweise an ihre Stoffanordnung. Einer Begriffsdefinition beispielsweise wird in einer sprachwissenschaftlichen Untersuchung ein größerer Raum eingeräumt als bei Arbeiten mit naturwissenschaftlichen Themenstellungen, da der Begriff selbst möglicherweise die zugrunde liegende Problemstellung darstellt. Ebenso dürfte in einer empirischen naturwissenschaftlichen Facharbeit eine besondere Schwerpunktstellung im Methodenteil liegen, da dieser erheblich mit den Ergebnissen der Arbeit zusammenhängt. Sogar beim Vergleich von Dissertationen des gleichen Faches können immer wieder Abweichungen festgestellt werden.

Dennoch sollte wissenschaftspropädeutisches Schreiben einer grundsätzlichen Logik folgen, die sich an der **Logik des Forschens** orientiert. Wenn Sie sich auch in der Erarbeitungsphase nicht unbedingt an diese Reihenfolge gehalten haben, sollten Sie den folgenden Forschungskreislauf dennoch vor Augen haben, wenn Sie Vorgehen und Ergebnisse schriftlich zusammenstellen.

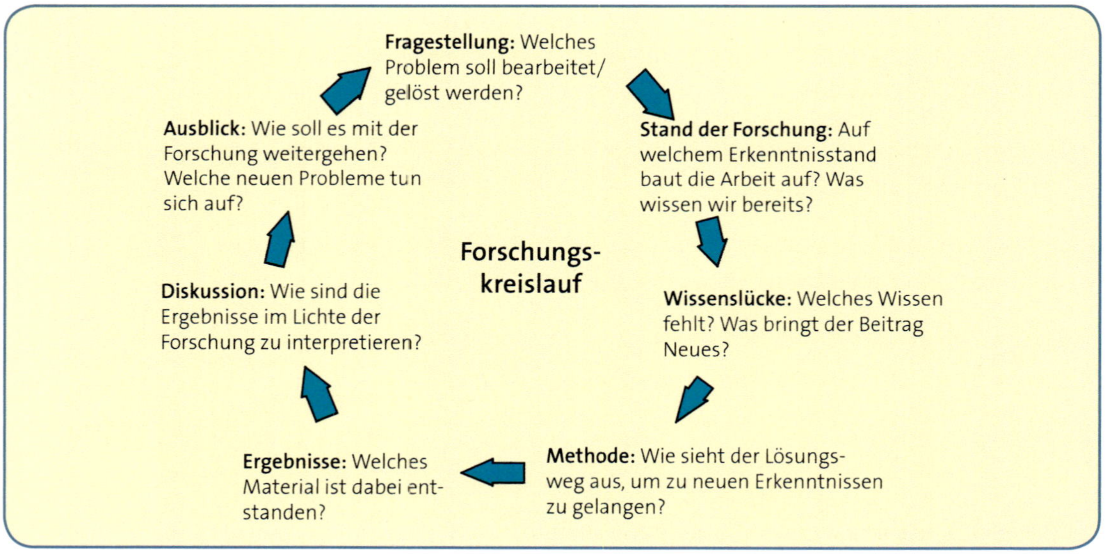

Abb. 4.1: „[…] [D]ie Logik der Darstellung [hat] sich in einem langen historischen Prozess herausgebildet und [wird] heute allgemein akzeptiert […].“ (Kruse 2007, S. 66)

Ausgangspunkt aller Forschung ist eine klare *Fragestellung*, hinter der sich in aller Regel ein Problem (wissenschaftlicher, praktischer, methodischer Art) verbirgt. Das Problem selbst ist allerdings meist sehr viel umfangreicher und kann nicht in einem einzigen wissenschaftlichen Projekt gelöst werden. Jedes Projekt kann immer nur *eine* Frage bearbeiten, die *einen* weiteren Baustein zur Lösung des Problems liefert.

Das, was zur Fragestellung an Wissen bereits vorhanden ist, wird als *Stand der Forschung* dargestellt. Stand der Forschung ist das, was in einer bestimmten Wissensgemeinschaft augenblicklich als gültige Erkenntnis angenommen wird und was dementsprechend auch publiziert ist. Es ist dabei anzunehmen, dass es so etwas wie „gesichertes“ Wissen gibt, über das in der Gemeinschaft kein Zweifel herrscht, und dass es eine Zone unsicheren

Wissens gibt, in der augenblicklich geforscht wird, und in der es unterschiedliche Meinungen gibt. In den Naturwissenschaften ist man sensibler gegenüber dieser Grenze als in den Sozial- und Geisteswissenschaften, in denen die Zone ungenauen Wissens größer und weniger klar markiert ist.

Die Fragestellung reagiert aber nicht auf das vorhandene Wissen, sondern auf das Wissen, das fehlt, die *Wissenslücke*. Es ist wichtig, dieses fehlende Wissen *positiv* zu definieren, um später darstellen zu können, ob die Wissenslücke durch die eigene Forschung gefüllt werden kann und in welchem Ausmaß.

Diese drei Punkte (Fragestellung, Forschungsstand, Wissenslücke) bilden den Ausgangspunkt jeder Arbeit und jedes Forschungsberichts. Der nächste Punkt ist die Darstellung der Vorgehensweise, die eingeschlagen wird, um die Wissenslücke zu beheben (*Methode*). Hier geht es um eine exakte, nachvollziehbare Schilderung der Forschungshandlungen: der analytischen Vorgehensweise, der Auswertung von Literatur, des Versuchsplans, der Apparate, Substanzen, Versuchstiere, Versuchspersonen, Patienten, Mess- und Auswertungsverfahren und der statistischen Prozeduren, die eingesetzt werden.

Mit der Durchführung der Methode entstehen Materialien, die die *Ergebnisse* der Forschung darstellen. Sie müssen zunächst so dokumentiert und erläutert werden, dass sie frei von Interpretationen und Wertungen nachvollziehbar sind, damit die Lesenden sich selbst ein Urteil über sie bilden können. Dazu sind auch erste Interpretationen nötig, die aber sparsam eingesetzt werden und nur der besseren Verständlichkeit bzw. ersten Einordnung dienen sollten.

Die *Diskussion* interpretiert die Ergebnisse und bindet sie wieder an den Forschungsstand und die Forschungslücke an. Sie gibt Auskunft darüber, welche Erkenntnisse die gefundenen Ergebnisse in Bezug auf die Fragestellung liefern. Die Diskussion berichtet auch über alle Ereignisse, die die Generalisierbarkeit der Ergebnisse beeinträchtigen können. Sie kann auch von unerwarteten Ergebnissen berichten.

Der *Ausblick* gibt Auskunft darüber, was in der Forschung weiter zu geschehen hat. Forschung führt nicht nur zu neuem Wissen, sondern zeigt auch Felder des Nichtwissens, also neue Wissenslücken auf. Die Wissenslücken können Ausgangspunkte neuer Forschung sein.

Wissen, das durch die Mühle eines solchen Kreislaufs gedreht wurde, ist das, was wir *wissenschaftliches* Wissen nennen. Es ist Wissen, das auf kontrolliertem Weg entstanden, nachvollziehbar und durch andere reproduzierbar ist. Es hat immer zwei Aspekte: Es fußt auf vorhandenem Wissen und fügt dem neues Wissen hinzu. Es stellt also eine Verbindung von lokal gewonnenem, neuem Wissen mit global bereits vorhandenem Wissen dar. Jede Untersuchung stellt sich selbst immer als ein Teil eines großen Wissenspuzzles dar, in dem es eine einzige, genaue definierbare Lücke zu füllen versucht. Jede wissenschaftliche Arbeit bemüht sich darüber hinaus, die eigenen Ergebnisse kritisch zu betrachten und eigene Behauptungen gegen konkurrierende Behauptungen fair abzugrenzen.

Natürlich ist dieser Kreislauf eine Idealisierung wirklicher Forschungsprozesse. Es ist aber die Form der Darstellung, die dem Wissen am meisten Autorität verleiht und die deshalb auch zur dominanten Form der Wissensdarstellung wurde.

Kruse, Otto. Keine Angst vor dem leeren Blatt. Ohne Schreibblockaden durchs Studium. Frankfurt am Main: Campus 2007, S. 64–68.

Insgesamt gesehen gelten also dennoch bestimmte Grundsätze, die in sich so schlüssig sind, dass sich praktisch alle wissenschaftlichen Arbeiten daran halten. Die für eine Facharbeit relevanten Gliederungseinheiten werden in Abb. 4.3 in ihrer am häufigsten gebrauchten Reihenfolge dargestellt.

1. Lesen Sie oben stehenden Text über die Logik der Forschungsdarstellung sorgfältig und untersuchen Sie daran anschließend, in welchen Punkten sich die Darstellung Goethes über die Metamorphose der Pflanzen (Abb. 4.2) davon unterscheidet!

Inhalt

Einleitung

I. Von den Samenblättern
II. Ausbildung der Stengelblätter von Knoten zu Knoten
III. Uebergang zum Blüthenstande
IV. Bildung des Kelches
V. Bildung der Krone
VI. Bildung der Staubwerkzeuge
VII. Necktarien
VIII. Noch einiges von den Staubwerkzeugen
IX. Bildung des Griffels
X. Von den Früchten
XI. Von den unmittelbaren Hüllen des Samens
XII. Rückblick und Uebergang
XIII. Von den Augen und ihrer Entwickelung
XIV. Bildung der zusammengesezten Blüthen und Fruchtstände
XV. Durchgewachsene Rose
XVI. Durchgewachsene Nelke
XVII. Linnées Theorie von der Anticipation
XVIII. Wiederholung

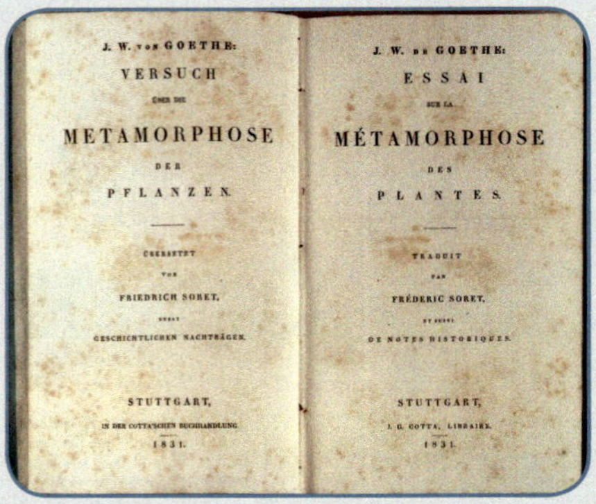

Abb. 4.2: Der schlüssige Aufbau hat sich über die Jahre in der Wissenschaft herausentwickelt

2. Analysieren Sie den Aufbau einiger Werke Ihrer bereits vorhandenen Sekundärliteratur nach folgenden Gesichtspunkten:
   - Welches grobe Gliederungsprinzip liegt dem Aufbau zugrunde?
   - Welchen Umfang haben die einzelnen Teile?
   - Gibt es im Hauptteil Kapitel, die in allen Werken an ähnlicher Stelle erscheinen?
   - Welche Informationen gibt die Einleitung, welche Funktion hat der Schluss?
3. Stellen Sie Ihre Ergebnisse vor!
4. Einigen Sie sich innerhalb des Fachs auf ein einheitliches Vorgehen!

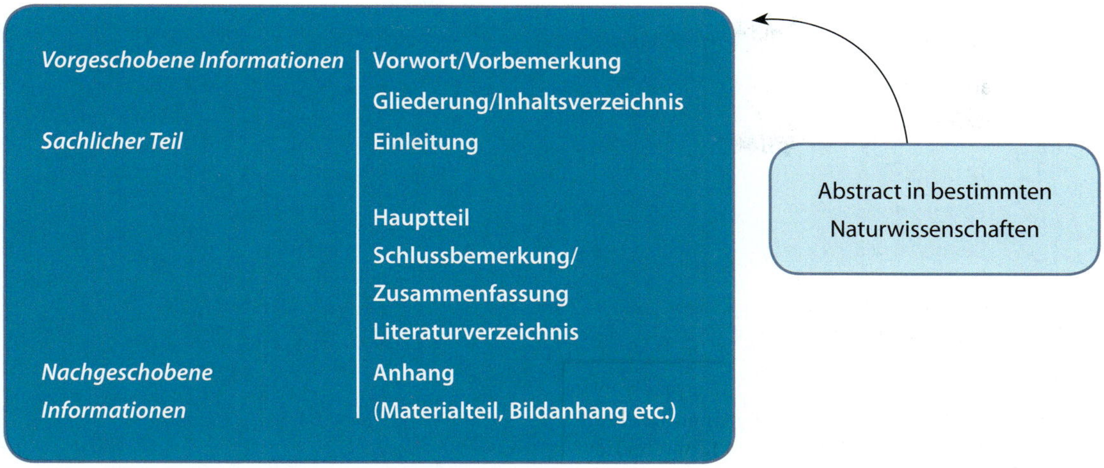

Abb. 4.3: Der Aufbau einer wissenschaftlichen Arbeit

Ein Vorwort oder Vorbemerkungen …

sind kein zwingender Bestandteil der Arbeit, werden aber bei längeren Abschlussarbeiten wie z. B. Dissertationen für persönliche Anmerkungen genutzt. Wird eine Vorbemerkung formuliert, steht sie auch im Inhaltsverzeichnis aufgeführt.

Das Inhaltsverzeichnis …

ist als Gliederung Bestandteil jeder wissenschaftlichen Arbeit und dieser vorangestellt. Es stellt übersichtlich die Kapitel und deren Unterpunkte dar und gibt deren Seitenzahlen an.

Die Einleitung …

ist der erste Teil der eigentlichen Abhandlung. Sie bildet zusammen mit dem Schluss eine Art Rahmen um den Hauptteil. Dieses Zusammenwirken sollte erkennbar sein. Prinzipielle Grundsätze von Einleitungen kennen Sie aus dem Deutschunterricht. So sollte die Einleitung auch in einer Facharbeit das Interesse des Lesers wecken. Darüber hinaus erfüllt sie bereits wichtige Funktionen innerhalb der Arbeit. Sie führt zunächst in den Themenbereich ein und benennt konkret das Thema und die zugrunde liegende Fragestellung der Arbeit. Sie gibt dann dem Leser eine Art Einführung in die Arbeit, indem sie die Zielsetzungen der Arbeit nennt und den Aufbau skizziert.

Auch ist es möglich, auf das Ergebnis Ihrer Recherche hinzuweisen, das im Forschungskreislauf (siehe Abb. 4.1) als Stand der Forschung bezeichnet wird. Eine wissenschaftspropädeutische Arbeit darf diesen Aspekt in der Einleitung aufnehmen, indem sie die zugrunde gelegte Literatur kurz kommentiert. Bei all diesen Aspekten, die die Einleitung umfassen darf, sollte sie aber einen gewissen Umfang nicht überschreiten und nicht mehr als etwa 10 % des Hauptteils ausmachen.

In Kürze alle wesentlichen Aspekte zielführend einzubringen, stellt also den eigentlichen Anspruch der Einleitung dar. Dafür muss aber klar sein, welches Ergebnis die Arbeit haben wird. Deshalb sollten Sie die Einleitung erst nach Fertigstellung der gesamten Arbeit verfassen. Skizzieren Sie außerdem ein Vorgehen, bevor Sie diesen Teil der Arbeit abfassen.

☑ **Checkliste: Wichtige Aspekte in der Einleitung**

1. **Einführung in das Thema**
   - ☑ Begründung des Interesses am Thema
   - ☑ Rechtfertigung des Themas
   - ☑ Forschungsstand
   - ☑ Benennen des Themas
2. **Erläuterung der Fragestellung, Darlegen der Zielsetzung(en) der Arbeit, Darstellen der Arbeitshypothese(n)**
3. **Überblick über den Aufbau**
   - ☑ Gegebenenfalls Hinweis auf die Methoden oder Verfahren
   - ☑ Gegebenenfalls knappe Erläuterung von Begriffen, die für die Arbeit wichtig sind
   - ☑ Erläuterung von für die Arbeit bedeutenden Vorentscheidungen
   - ☑ Darstellung der Abfolge und des inhaltlichen Aufbaus

Die Darlegung von Methoden, bestimmten Verfahren oder die Definitionen sind in einer wissenschaftlichen Arbeit wichtig, denn sonst sind die Ergebnisse für einen Leser nicht nachvollziehbar. Gleiches gilt für Kriterien, nach denen das Material ausgewählt wurde: Ohne Erklärung z. B. über die Gründe, aus denen eine Einschränkung auf eine Materialbasis getroffen wurde, hätte die Arbeit den Anschein, nicht vollständig zu sein. Die Einleitung gibt erste Hinweise darauf.

Der Hauptteil …

beinhaltet die inhaltliche Ausführung. Natürlich fordern Gegenstand, Fach und Methoden eine individuelle Anpassung. Das wird auch an der Vielzahl wissenschaftlicher Schreibformen deutlich, die im Kapitel 2 dargestellt werden. Diese orientieren sich in ihrem inhaltlichen Gefüge an der jeweils angewendeten Methode. Der Aufbau folgt daher keiner festgelegten Konvention, sondern muss so angelegt sein, dass der Weg zu den Ergebnissen nachvollziehbar wird. Viele Wissenschaftsbereiche ähneln sich jedoch in der Anordnung ihrer Elemente:

Beispiel 1: Möglicher Hauptteil einer naturwissenschaftlichen Facharbeit

- **Forschungsstand:** Kurze Darstellung über den Stand der Forschung des die Arbeit betreffenden Gebiets.
- **Untersuchungsgegenstand** der Arbeit und möglicherweise die Begründung der Auswahl.
- **Methoden:** Umfassende Darlegung der in der Einleitung angerissenen Methoden oder Verfahren, gegebenenfalls mit ihrer Begründung.
- **Darstellung der Ergebnisse.**
- **Diskussion oder Auslegung** dieser Ergebnisse.

Beispiel 2: Möglicher Hauptteil literaturanalytischer Facharbeiten

- **Analyse** bestimmter Texte hinsichtlich einer bestimmten Fragestellung.
- **Argumentationsgänge**, die Hypothesen beweisen.
- **Interpretationen** analysierter Elemente.
- **Zusammenfassende/vergleichende Auslegung** der Ergebnisse.

Beispiel 3: Möglicher Hauptteil wirtschaftswissenschaftlicher Facharbeiten

- **Theoretische und methodische Grundlagen** mit dem Wissensstand zum Thema und der Darstellung des methodischen Vorgehens.
- **Analyse der Situation** durch das Zerlegen in Prozesse und Teilbereiche und deren Untersuchung; die Darstellung der ermittelten oder erhobenen Daten in Diagrammen oder Tabellen.
- Kritische **Bewertung** der zuvor erbrachten Daten.
- **Darstellen eines Lösungskonzeptes** oder mehrerer Alternativen und deren Bewertung.

Die **Prinzipien**, nach denen eine Argumentation aufgebaut sein kann und die Ihnen schon aus dem Deutschunterricht bekannt sind, bieten zudem eine wesentliche Hilfestellung (siehe S. 40). Nach diesen Prinzipien werden einzelne **Argumente** aufgebaut. Auch ein längeres Kapitel, dem immer eine These zugrunde liegt, ist aber nichts anderes als ein weit ausgebreitetes Argument und folgt daher dem Schema des Argumentierens. Die gesamte Facharbeit schließlich ist ebenfalls einer zentralen Fragestellung untergeordnet, die beantwortet werden muss, oder einer These verschrieben, die begründet werden muss. Die argumentative Struktur bestimmt also sogar den Gesamtaufbau einer ganzen Arbeit. Nach folgenden Prinzipien können einzelne Teilaspekte innerhalb der Arbeit oder innerhalb eines Kapitels angeordnet werden.

Der Gegenstand erfordert …

- **die Orientierung am Inhalt:**

Unterschiedliche Antworten auf eine Fragestellung sind vorhanden, je nachdem, welcher inhaltliche Aspekt in den Mittelpunkt gestellt wird. Möglicherweise gibt es Vernetzungen innerhalb der Aspekte. Die Anordnung ist allein den stofflichen Anforderungen angepasst. Die einzelnen Aspekte können vom Allgemeinen zum Besonderen (deduktiv) oder umgekehrt (induktiv) dargelegt werden. Der Zusammenhang wird am Ende jedes Aspekts oder am Ende der Arbeit aufgezeigt (Abb. 4.4).

Beispiel: Die Literaturverfilmung von Süßkinds Werk „Das Parfum": Gesellschaftskritik in Roman und Film (Deutsch)

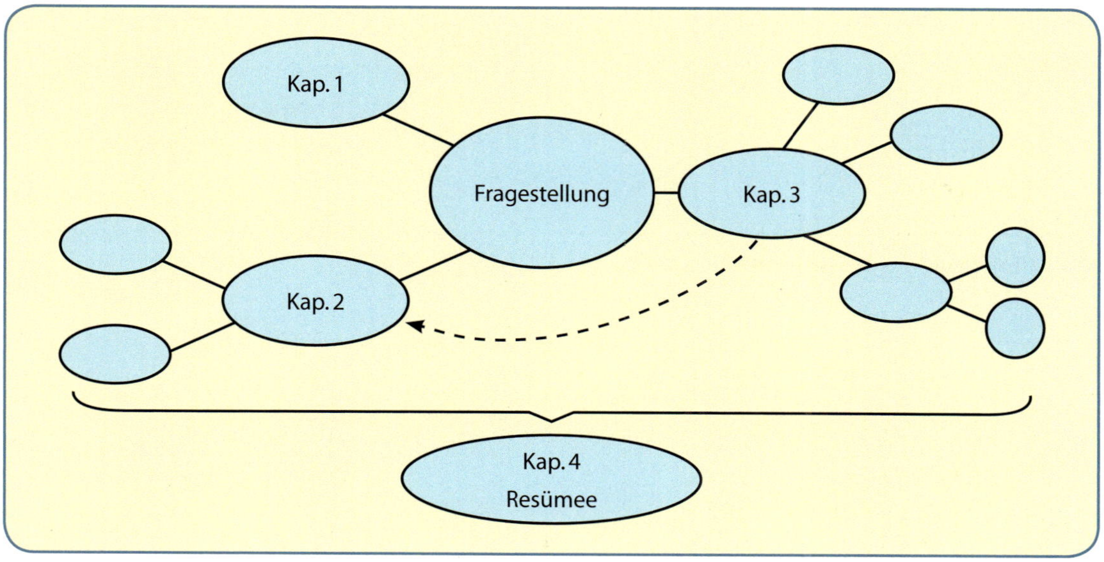

Abb. 4.4: Orientierung am Inhalt

- **die Orientierung an einem zeitlichen oder methodischen Ablauf:**

Dem Gegenstand liegt eine Abfolge von Phasen, Experimenten, Etappen, Entwicklungen zugrunde. Die Anordnung wird der chronologischen Reihenfolge der Gesichtspunkte angepasst (Abb. 4.5).

Beispiel: Die Entwicklung von „Batman“: Gesellschaftsgeschichtlicher Einfluss auf das Genre „Comic“ (Kunst)

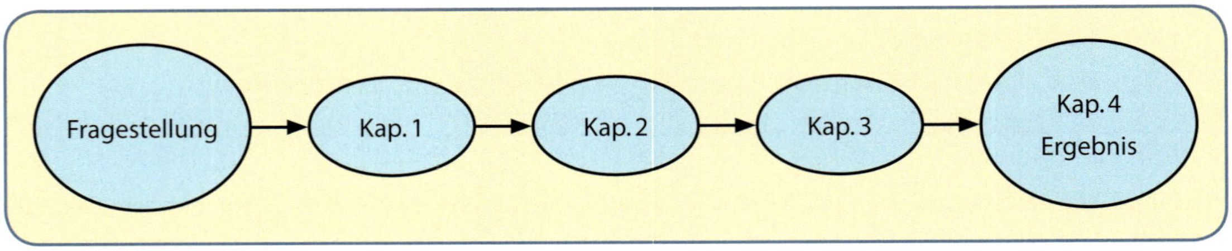

Abb. 4.5: Orientierung an einem zeitlichen oder methodischen Ablauf

- **die Bekräftigung einer bestimmten Aussage:**

Durch Abwägen unterschiedlicher Positionen wird eine bestimmte Aussage bestätigt oder entkräftet. Die einzelnen Thesen werden getrennt voneinander dargelegt. In einem gesonderten Teil geschieht danach die eigentliche Abwägung beider Positionen (Abb. 4.6).

Beispiel: Die Bewertung von gentechnisch manipulierten Pflanzen durch Politik und Medien (Biologie)

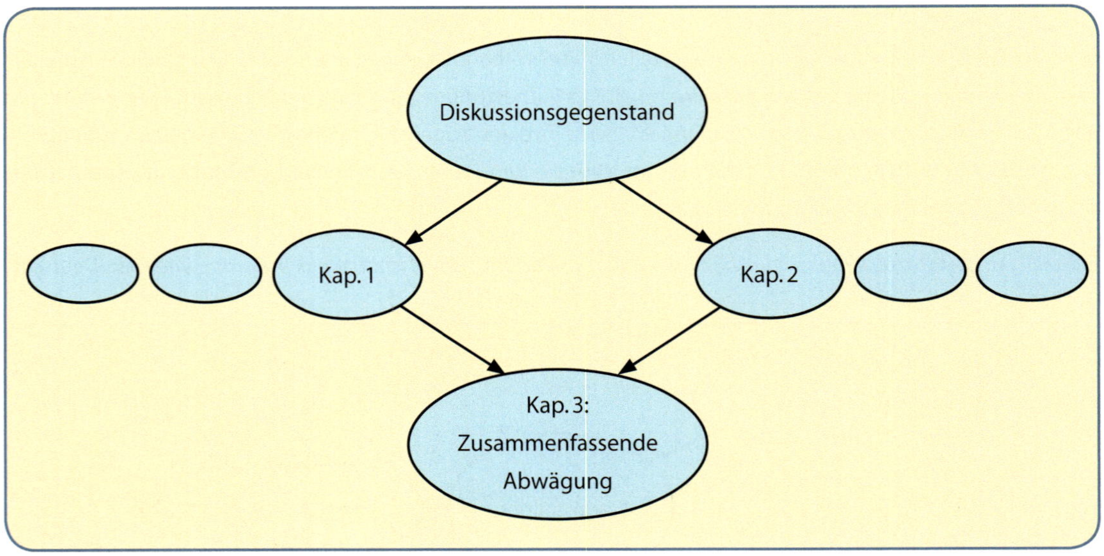

Abb. 4.6: Bekräftigung einer bestimmten Aussage

5. Vergleichen Sie die beiden sachorientierten Gliederungsbeispiele auf S. 38/39 (Abb. 4.9 und Abb. 4.10)! Finden Sie in dem Aufbau des Hauptteils oder in dem Aufbau einzelner Kapitel Prinzipien des Argumentierens wieder?
6. Überlegen Sie mit Ihrem/r Lehrer/in, welche Anordungsmöglichkeiten Ihre Themenstellung eröffnet.

Die Schlussbetrachtung …

ist nicht nur eine Abrundung des Themas. Sie ist ein wichtiger Bestandteil der Arbeit, denn sie bietet die Möglichkeit, abschließend die wesentlichen Aspekte noch einmal zu akzentuieren. Dieser Teil kann auch Schlussfolgerungen enthalten, die für die Vollständigkeit der Untersuchung wichtig sind und diese in Zusammenhang mit anderen Problemstellungen setzen. Mit dem Schluss zeigen Sie noch einmal, dass die Untersuchung nicht ohne Grund erfolgte, sondern dass das Ergebnis in der Zusammenschau mit anderen Fragestellungen eine Bedeutung hat.

Wichtige Aspekte im Schluss:
- **Zusammenfassung** der wichtigsten Aspekte
- **Schlussfolgerungen**
- **Ausblick** auf noch ausstehende Untersuchungen
- **Forderungen** für die Zukunft
- kritische **Wertung**

Der Abstract …

hat sich in einigen Fachgebieten als weiterer Teil durchgesetzt. Dabei handelt es sich um eine gekürzte präzise Darstellung des wesentlichen Inhalts der gesamten Arbeit: Frage- oder Problemstellung, Ergebnisse, Schlussfolgerungen und möglicherweise wichtige Methoden. Dieser Teil wird insbesondere in vielen Fachzeitschriften gefordert, da er von praktischem Nutzen für den Leser ist, der anhand des Abstracts sofort erkennen kann, ob der Text für ihn relevant ist. Aufgrund des begrenzten Umfangs werden die Facharbeiten diesen Teil jedoch in der Regel nicht benötigen.

Das Literaturverzeichnis/Abbildungsverzeichnis …

enthält alle Titel, mit deren Hilfe die Arbeit entstanden ist. Diese werden geordnet aufgelistet, so wird z. B. unterschieden zwischen Primär- und Sekundärliteratur. Hier kann noch weiter unterteilt werden. Auch Bildnachweise sind am Ende der Arbeit in einem Abbildungsverzeichnis einzustellen. Diese Verzeichnisse sind der überprüfbare Nachweis über die Wahrhaftigkeit der Arbeit. Sie müssen vollständig sein. Auch das Literaturverzeichnis wird in der Gliederung mit Nennung der Seite aufgeführt. Hinweise, wie ein angemessenes Literaturverzeichnis auszusehen hat, gibt das Kapitel 3.

Der Anhang …

liefert Materialien oder Dokumente, die nicht direkt im fortlaufenden Text eingearbeitet wurden. Sein Umfang geht nicht in die Seitenanzahl des selbst verfassten Teils der Facharbeit ein. Der Anhang hat oft eine eigene Nummerierung, z. B. römische Ziffern oder wird gezählt nach Abbildungen, auf die im fortlaufenden Text der Arbeit hingewiesen werden kann.

Hierzu zählen z. B.:

- Versuchs- und Umfrage**ergebnisse**, auf die sich die Argumentation stützt.
- **Bildmaterial**, das in der Arbeit selbst nicht abgebildet, aber zum Verständnis nötig ist.
- **Tabellen** oder **Versuchsprotokolle**, ohne die die Arbeit nicht nachvollziehbar wäre.

Zur größeren Übersicht sollte ein kurzer Untertitel formuliert werden, der das Dokument erklärt, z. B. bei einem Bild den Maler und den Titel, bei einer Statistik die Quelle und das Datum. Auch der Anhang steht im Inhaltsverzeichnis.

Die Selbstständigkeitserklärung …

muss der Facharbeit angefügt werden. Sie ist datiert und unterschrieben. Darin erklärt der Verfasser, dass die Facharbeit ohne fremde Hilfe angefertigt wurde und nur die im Literaturverzeichnis aufgeführten Quellen und Hilfsmittel benutzt wurden.

Ich erkläre hiermit, dass ich die vorliegende Facharbeit ohne fremde Hilfe angefertigt und nur die in der Bibliografie aufgeführten Quellen als Hilfsmittel benutzt habe.

____________________ ____________________

Ort, Datum Unterschrift

Abb. 4.7: Text für eine Selbstständigkeitserklärung

Gliedern

Die Struktur eines Textes wird auch durch seine visuelle und formale Gliederung deutlich. Die logisch-argumentative Gedankenführung verdeutlicht man durch

- Absätze
- Abschnitte
- Kapitel

> Für eine Arbeit von 10–15 Seiten sollte eine Seite für das Inhaltsverzeichnis reichen.

Absätze stellen dabei die kleinste Sinneinheit dar, die zusammengehörende Gedankengänge fasst. Beginnt ein neuer Gedankengang, der aber mit dem vorangegangenen zusammenhängt, wird ein neuer Absatz gesetzt.
Ein **Abschnitt** ist eine größere Sinneinheit innerhalb eines Kapitels. Sie umfasst mehrere Gedankengänge, rechtfertigt aber noch keine eigene Überschrift.
Erst ein **Kapitel** wird unter einer Überschrift zusammengefasst. Es stellt einen logischen Schritt innerhalb des argumentativen Aufbaus der Facharbeit dar und kann seinerseits in Unterebenen differenziert werden. Unterpunkte helfen dem Leser, sich in der Arbeit zu orientieren – zu kleinschrittige Unterpunkte wirken jedoch kompliziert.

Dem Leser soll die durchdachte Struktur vor Augen geführt werden. Es gibt Regeln für die Form des Inhaltsverzeichnisses, nach denen man sich richten sollte: Immerhin ist dies der erste Eindruck der Arbeit auf den Leser. Für eine ordentliche und übersichtliche Gestaltung bietet es sich an, auf die Gliederungshilfe des benutzten Textverarbeitungsprogramms zurückzugreifen.

Die Gliederung sollte bereits vor dem Abfassen der Arbeit formuliert werden, denn so kann der Umfang der Arbeit während des Schreibprozesses im Auge behalten werden. Die Arbeitstitel der einzelnen Kapitel können beim Überarbeiten umbenannt werden. Die einzelnen Punkte sollten möglichst inhaltlich konkret formuliert werden und müssen einer Seite zugeordnet sein. Damit ist sofort ersichtlich, welche Aspekte man auf welcher Seite findet. Die Formulierungen sind prägnant und kurz. Im Inhaltsverzeichnis von wissenschaftlichen Arbeiten wird bevorzugt der Nominalstil verwendet, also auf Verben oder Fragen verzichtet. Die Nummerierung beginnt mit dem ersten Punkt der sachlichen Ausführung, also mit der Einleitung, und endet mit dem letzten Teil, also dem Literaturverzeichnis oder dem Anhang.

Verschiedene Gliederungsmöglichkeiten

Bekannte Gliederungsmöglichkeiten sind die rein numerische **Dezimalgliederung** und die **traditionelle Gliederung**, die mit Ziffern und Buchstaben arbeitet. Welches Schema für die einzelne Arbeit am sinnvollsten ist, entscheiden Sie, indem Sie überlegen, welche logische Struktur Sie damit verdeutlichen wollen. Die Dezimalgliederung lässt eine klare Rangordnung oder hierarchische Abfolge der Argumentation erkennen. Die traditionelle Gliederung mit Ziffern und Buchstaben trennt die übergeordneten Kapitel eher voneinander und zeigt, dass in den übergeordneten Kapiteln unterschiedliche Teilbetrachtungen vorliegen.

Dezimalgliederung durch Ziffern

1.
1.1
1.1.1
1.1.2
1.2
2.
2.1
2.1.1
2.1.2
3. usw.

Traditionelle Gliederung mit Ziffern und Buchstaben

I.
  A.
    1.
      a)
        α)
        β)
      b)
  B.
II. usw.

Abb. 4.8: Zwei Gliederungsmöglichkeiten

7. Untersuchen Sie die Gliederungsschemata einiger Werke Ihrer Sekundärliteratur. Welche verschiedenen Ordnungsschemata lassen sich in Ihrem Fachgebiet häufig finden?
8. Ziehen Sie vergleichend die Prinzipien heran, die im vorangegangenen Abschnitt „Anordnen“ dargestellt wurden, und überlegen Sie, welches formale Gliederungsschema den jeweiligen Aufbau am sinnvollsten widerspiegeln kann!

Inhaltlich ausgeführt könnten Gliederungsschemata folgendermaßen aussehen:

Inhaltsverzeichnis 2

I. Einleitung 3

II. These von Adorno über die Entstehung des Detektivromans 4

III. „Das Fräulein von Scuderi“ als erster europäischer Detektivroman 5
A. Inhalt und Funktion der Rückblenden 6
B. Figurencharakteristik 7
1. Der unschuldige Verdächtige 7
2. Der verdächtigte Unschuldige 7
3. Das Fräulein von Scuderi 8
a) Menschlichkeit und Mitgefühl 8
b) Die ermittelnde Instanz 9
C. Weitere kriminaltechnisch bedeutende Motive 10
1. Das verschlossene Mordzimmer 11
2. Die Detektion durch eine Privatperson 12

IV. Anwendung von Adornos These auf „Das Fräulein von Scuderi“ 13

V. Schlussbemerkung 15

VI. Literaturverzeichnis 16

VII. Selbstständigkeitserklärung 17

Abb. 4.9: Literaturwissenschaftliches Beispiel einer traditionellen Gliederung

Abb. 4.10: Naturwissenschaftliches Beispiel einer Dezimalgliederung

✓ Checkliste: Fehler vermeiden beim Inhaltsverzeichnis

- ✓ Kapitelüberschriften und Unterpunkte müssen auch im Fließtext der Ausführung auftauchen.
- ✓ Zwischen übergeordnetem Gesichtspunkt und dem nächstfolgenden untergeordneten Gesichtspunkt findet sich kein Text.
- ✓ Unterpunkte sind nur logisch, wenn mehr als ein Aspekt vorhanden ist.
- ✓ Bei Unterpunkten folgt nach der letzten Ziffer kein Punkt.
- ✓ Wählen Sie eine Gliederungsmöglichkeit und behalten Sie diese durchgängig bei.

Argumentieren

Wie wird nach der Recherchearbeit und dem Festlegen der Gliederung aus den Informationen ein zusammenhängender, gut lesbarer Text? Wie in vorherigen Kapiteln zum Anordnen und Gliedern bereits erläutert, zeichnet sich wissenschaftliches Arbeiten dadurch aus, dass die Teilaspekte eines Themas und die Antworten auf eine Fragestellung argumentativ wiedergegeben werden. Einzelne Sinnabschnitte Ihrer Arbeit können wie folgt aufgebaut werden:

These bzw. Behauptung
↓
Argumente, Belege, Beispiele
↓
Folgen
↓
Einschränkungen, Spezifizierungen
↓
ggf. Zusammenfassung

Abb. 4.11: Der Aufbau einer Argumentation

Die einzelnen Elemente (These, Argumente, Belege, Beispiele, Folgerungen) kennen Sie bereits aus dem Deutschunterricht. Im Folgenden finden Sie zusätzlich Hinweise für das Verfassen Ihrer Facharbeit.

Typen von Argumenten

Argumente sind in der engen Wortbedeutung „Beweismittel". Sie dienen dazu, Thesen zu begründen oder zu widerlegen. Mit Hilfe von Argumenten werden Annahmen oder Überlegungen untermauert oder – und das ist auch möglich – untergraben. Als Argumente sollten daher solche Aussagen herangezogen werden, die den Grundsätzen für eine gelungene Argumentation entsprechen. Hierzu zählen

- Zahlen, Daten, Fakten
- Allgemeingültiges
- Erfahrungen
- Traditionen
- Lehrsätze
- Autoritäten

[…]

Hiermit sind typische Verfahren und zugleich typische Bereiche abgedeckt, aus denen eine Argumentation aufgebaut werden kann. Häufig empfiehlt es sich, Typen von Argumenten auch kombiniert zu verwenden, insbesondere wenn zu diesen Aussagen zugleich Gegenaussagen bzw. Gegenargumente formuliert werden können. Aufgabe der Argumentation ist es nun, diese Argumente so auf die Aussage hin zu formulieren und anzuordnen, dass diese als nicht bloß behauptet, sondern als bewiesen gelten kann.

Schreibwerkstatt der Universität Duisburg-Essen. „Typen von Argumenten". 31.03.2010. www.uni-due.de/~lge292/trainer/trainer/start.html

✓ Checkliste: Argumenttypen

- ✓ Geben Sie bei **Zahlen, Daten und Fakten** stets die Quelle an und prüfen Sie nach, wie repräsentativ die Daten sind.
- ✓ Überprüfen Sie bei allgemeingültigen **Aussagen** (z. B. „Männer und Frauen sind gleichberechtigt."), auf welcher Grundlage diese Aussagen basieren und ob es mögliche Gegenargumente gibt.
- ✓ Bringen Sie eigene **Erfahrungen** nur dann in die Argumentation ein, wenn die Erfahrungen überzeugend und für den Leser plausibel sind.
- ✓ Legen Sie offen, welcher **Tradition** (Denk- und Forschungsrichtung) Sie in Ihrer Argumentation folgen, und erwähnen Sie gegebenenfalls auch Gegenpositionen.
- ✓ Überprüfen Sie bei **Lehrsätzen**, ob im jeweiligen Fachgebiet Kritik dazu geübt wird und ob Gegenpositionen bestehen.
- ✓ Wenn Sie sich auf **Autoritäten** (anerkannte Personen) berufen, müssen diese dem Leser bekannt sein. Geben Sie in jedem Fall die Funktion der Person an.

9. Untersuchen Sie den folgenden Text im Hinblick auf seinen argumentativen Aufbau!

Das Bevölkerungswachstum der Megastädte ist in den Entwicklungsländern viel dynamischer verlaufen als in den Industrieländern. Zwischen 1940 und 1990 hat sich die Bevölkerungszahl von 8 der 25 Megastädte in Entwicklungsländern mehr als verzehnfacht. In nur zwei bis drei Jahrzehnten wuchsen etwa Mexiko-City, Sao Paulo, Kairo, Mumbai (Bombay) und Delhi um jeweils 8 Mio. Einwohner und mehr. Für diese Zunahme hat New York 150 Jahre gebraucht. In jüngster Zeit allerdings mehren sich Anzeichen für ein Sinken der Wachstumsraten. Lag das Wachstum der Megastädte in Entwicklungsländern zwischen 1950 und 1970 bei durchschnittlich nahezu 5 %, beträgt die derzeitige mittlere Wachstumsrate ca. 2,4 %. Dennoch nehmen die Megastädte weiter an Bevölkerung zu [...]. Allerdings sind die Geburtenraten in den Städten der Entwicklungsländer deutlich geringer als auf dem Land. Das Wachstum der Städte ist somit in erster Linie eine Funktion der Zuwanderung und nicht des generativen Wachstums der Stadtbevölkerung.

Zehner, Klaus. Stadtgeographie. Stuttgart: Klett 2001, S. 186

Eine gute Argumentation zeichnet sich dadurch aus, dass der Leser ihren Aufbau nachvollziehen kann und die angeführten Argumente, Belege und Beispiele als stichhaltig anerkennt. Entsprechend ist es wichtig, anschaulich (z. B. mithilfe von Beispielen) und verständlich (z. B. durch kurze, prägnante Sätze) zu argumentieren und zu formulieren. Versuchen Sie, den Leser schrittweise in das Thema Ihrer Argumentation einzuführen.

Folgende nützliche Wendungen können Ihnen beim Argumentieren helfen:

These bzw. Behauptung
- Meiner Meinung/meiner Ansicht nach …
- Meine Behauptung lautet, dass …
- Die These dieser Arbeit lautet, dass …
- Nach Auffassung des Autors/der Autorin …

Beweisführung: Argumente, Belege, Beispiele
- Nach der Untersuchung/Statistik/Studie XY …
- Die Untersuchung/Statistik/Studie hat gezeigt/macht deutlich …
- Wie XY nachgewiesen hat, …
- Wie man am Beispiel von … sehen kann, …
- Das Beispiel XY stützt das Argument, …

Einschränkungen
- Es hat sich jedoch auch gezeigt, dass …
- Ein Gegenbeispiel ist allerdings …
- Dagegen spricht jedoch, dass …

Folgen
- Daraus folgt, dass …
- Konsequenz aus den vorherigen Ausführungen ist …
- Dies bedeutet, dass
- Folglich ist …

Weitere nützliche Wörter zur Strukturierung eines Textes finden Sie in Kapitel 5.

Argumentieren in der Fremdsprache

Besondere Anforderungen in Hinblick auf das Argumentieren bestehen beim Verfassen einer Facharbeit in der Fremdsprache. Die Prinzipien einer Argumentation gelten hier zwar gleichermaßen, doch kommt hier noch die Schwierigkeit des Formulierens in der Fremdsprache hinzu. Es muss erkennbar sein, dass die Arbeit aus Ihrer eigenen Feder stammt und eigenständig formuliert wurde. Gleichzeitig sollte die Arbeit sprachlich korrekt sein. So muss der Wortschatz korrekt beherrscht und angewendet werden, vor allem das Fachvokabular zum Thema der Arbeit. Nachgeschlagene Wörter sollten nicht ungeprüft übernommen werden, da sie möglicherweise nicht in den Kontext passen. Gleichen Sie die Wörter daher unbedingt mit einem einsprachigen Wörterbuch ab.

Verwenden Sie komplexere Satzstrukturen, um Sachverhalte angemessen darzustellen und geschickt zu argumentieren. Nutzen Sie dazu idiomatische Wendungen, z. B. aus Ihrer Sekundärliteratur (z. B. um Zusammenfassungen auf Englisch einzuleiten: „to put it in a nutshell …“) oder setzen Sie textstrukturierende Elemente (z. B. um Einschränkungen auf Englisch auszudrücken: „However, …“) ein. Weitere nützliche Wendungen sollten im Unterricht in der jeweiligen Fremdsprache gesammelt und eingeübt werden.

Argumentieren in den Naturwissenschaften

In den Naturwissenschaften kommt es bei einer empirischen Arbeit u. a. darauf an, die in einem Experiment gewonnenen Ergebnisse in Hinblick auf die zuvor aufgestellte Hypothese unter Bezugnahme auf die jeweils relevante Theorie zu interpretieren. Unabhängig davon, ob die eigene Hypothese bestätigt oder widerlegt wurde, sind hier vor allem überzeugende Belege von zentraler Bedeutung. Dies kann z. B. in Form von empirischen Daten erfolgen. Diese müssen unbedingt exakt und korrekt dargestellt werden, z. B. in Hinblick auf die Größenbezeichnungen (z. B. elektrische Spannung: *U*) und Maßeinheiten (z. B. Volt: V).

☑ Checkliste: Argumentieren

- ☑ Vermeiden Sie pauschale Aussagen!
- ☑ Vermeiden Sie Übertreibungen!
- ☑ Stützen Sie Behauptungen stets mit Belegen!
- ☑ Vermeiden Sie inhaltliche Überschneidungen!
- ☑ Schweifen Sie nicht vom Thema ab!

Literaturempfehlungen zum Argumentieren

Die folgenden Bücher richten sich zwar vornehmlich an Studienanfänger, können in Auszügen aber auch beim Schreiben der eigenen Facharbeit hilfreich sein.

- Kruse, Otto. Keine Angst vor dem leeren Blatt. Ohne Schreibblockaden durchs Studium. 12., völlig neu bearb. Auflage. Frankfurt am Main: Campus 2007
- Esselborn-Krumbiegel, Helga. Von der Idee zum Text. Eine Anleitung zum wissenschaftlichen Schreiben. 3., überarb. Auflage. Stuttgart: UTB 2008

Zitieren und Urheberrecht

Plagiieren, verfälschen, erfinden

Wissenschaftliche Gemeinschaften sind auf exakte Rezeption von Texten angewiesen. Wissen kann nur dann sukzessive aufgebaut werden, wenn die Verweise auf frühere Veröffentlichungen korrekt sind. Deshalb ist das Zitieren in den Wissenschaften hohen Qualitätsanforderungen unterworfen. Generell gilt, dass alles Wissen, das veröffentlicht ist, von allen Menschen verwendet werden darf. Das ist ein hoher Wert in einer Zeit zunehmender Kommerzialisierung. Die einzigen Einschränkungen für die Verwendung liegen darin, dass die Quelle, aus der das Wissen stammt, offengelegt und die Person oder Gruppe, die das Wissen entwickelt hat, benannt werden muss. Die geistige Urheberschaft von Werken ist ein hohes Gut in den Wissenschaften. Sie bezieht sich nicht nur auf das, was man gelesen, sondern auch auf das, was man in Gesprächen, Interviews, Webseiten, Vorträgen erfahren hat. Auch andere Produkte geistiger Arbeit wie Computerprogramme, Entwürfe für Gebäude (wie bei Architekten üblich) oder mathematische Formeln sind dadurch geschützt.

Es ist also eine zentrale Anforderung an alle wissenschaftlichen Texte, dass sämtliche Bezüge zu fremder Literatur nachgewiesen werden und kein Material ungekennzeichnet übernommen werden darf. *Plagiieren* heißt, den Text einer anderen Person als eigenen ausgeben. Es ist eine Art Todsünde im wissenschaftlichen Schreiben, die Ihre Arbeit augenblicklich entwertet, da sie gegen einen zentralen ethischen Code aller Wissenschaften verstößt. Es empfiehlt sich, energische Maßnahmen zu treffen, um nicht in den Verdacht des Plagiierens zu geraten.

Plagiieren bezieht sich sowohl auf die Wortwahl bei der Wiedergabe eines fremden Werkes als auch auf die Benennung des Werkes. Wenn man einen Text wiedergibt, muss man also nicht nur die Quelle benennen, sondern auch deutlich machen, welche Teile man in den Originalformulierungen übernommen hat und sie durch Anführungszeichen kenntlich machen. Sie können also auch des Plagiats bezichtigt werden, wenn Sie eine Quelle benannt haben, den Text aber nicht in eine eigene Sprache transformiert haben. Im Zweifelsfall sollte man also immer Zitieren, Ausnahmen vom Zitiergebot gelten nur für Aussagen, die trivial oder Teil des Alltagswissens sind, sodass praktisch jeder Mensch einer Kultur im Besitz dieses Wissens ist. Das übliche Wissen des Faches hingegen ist zitierpflichtig. [...]

Kruse, Otto. Keine Angst vor dem leeren Blatt. Ohne Schreibblockaden durchs Studium. Frankfurt am Main: Campus 2007, S. 82 f.

10. Arbeiten Sie aus dem Text die Gründe heraus, die der Verfasser für ein gültiges Zitieren nennt!

Sich korrekt auf bereits veröffentlichte Texte zu beziehen, ist in der Wissenschaft von erheblicher Bedeutung. Das heißt für eine wissenschaftspropädeutische Facharbeit, dass auch sie sich unbedingt um korrektes Zitieren bemühen muss, da dies eines der wichtigsten Qualitätskriterien darstellt. Ein weiterer Aspekt in diesem Zusammenhang ist das Urheberrecht, welches am Ende dieses Kapitels in einem Exkurs dargestellt wird.

Funktionen von Zitaten aus wissenschaftlicher Fachliteratur

Man sollte sich zunächst vor Augen führen, aus welchen Gründen Zitate eingebracht werden, um daraus zu schließen, an welchen Stellen sie nötig sind. Textverweise sagen zunächst immer auch etwas über denjenigen aus, der sie einbezogen hat. Ihre Auswahl zeigt, dass sich ein Verfasser mit einem Thema in einer bestimmten Ausführlichkeit auseinandergesetzt hat. Textstellenverweise stellen also damit seine Kompetenz auf diesem Gebiet unter Beweis. Wenn nur wenig oder gar keine Zitate vorhanden sind, wird man eine Arbeit schwer als fundiert anerkennen. Mit Verweisen auf andere wissenschaftlich anerkannte Quellen verhindert er diesen Vorwurf und sichert seine Aussagen auch gegen Kritik ab, indem er sich auf andere Autoritäten bezieht.

Der Verfasser zeigt außerdem seine Fähigkeit, seine eigenen Gedanken mit den Darlegungen anderer Verfasser in Beziehung zu setzen. Aus diesem Grund sollte eine Arbeit auch nicht ausschließlich eine Aneinanderreihung von Zitaten darstellen, da dies keine eigene gedankliche Ausführung mehr darstellt.

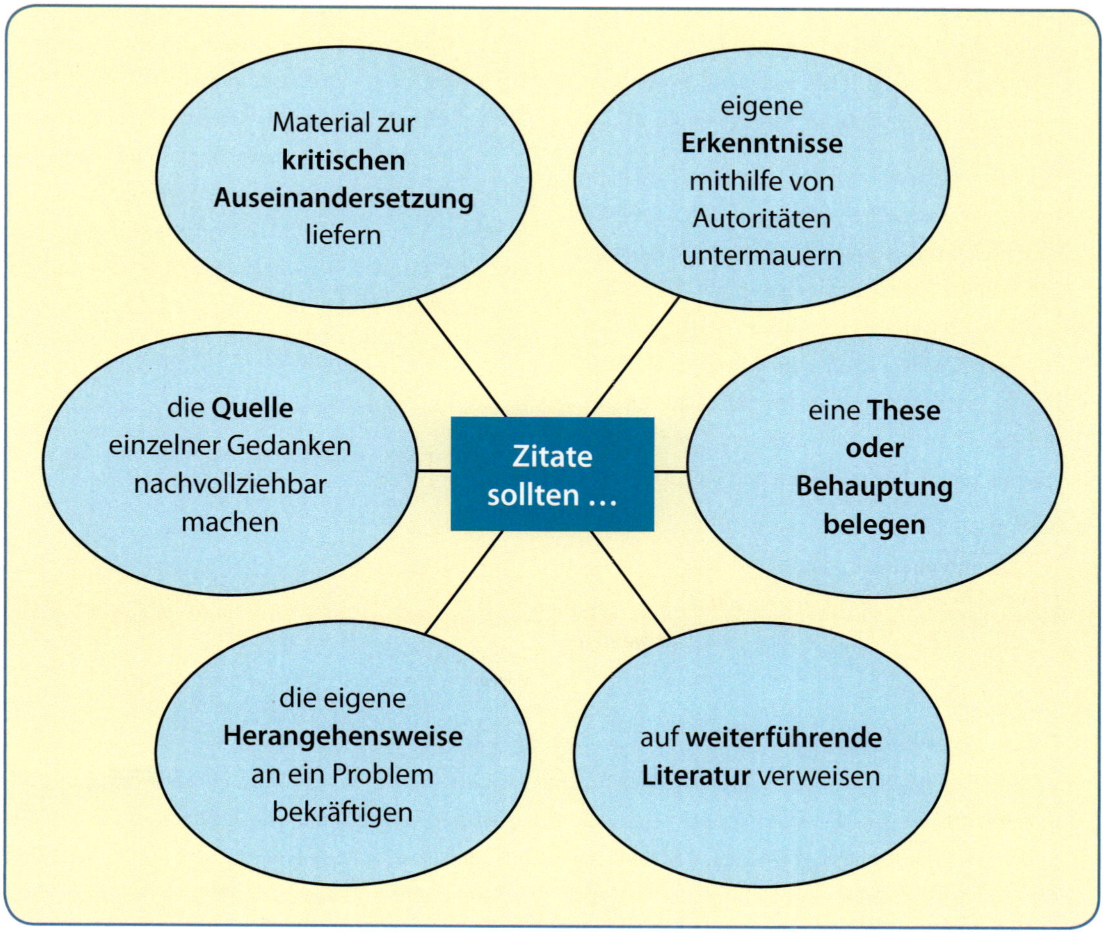

Abb. 4.12: Zitate und ihre Funktionen

11. Lesen Sie den nachstehenden Text und diskutieren Sie, welche Funktion das jeweilige Zitat erfüllt!

Es ging während des Dreißigjährigen Krieges nicht nur um nationale Interessen und die Verteilung der Macht im Reich, sondern auch um religiöse Selbstbestimmung. Militärische Antagonisten wie die katholische Liga und die protestantische Union waren konfessionelle Bünde, fast jede Kriegsintervention erfolgte mit Berufung auf den Glauben.

> Religion war sowohl die stärkste Legitimationsbasis für den universalen Herrschaftsanspruch auf katholischer [...] wie auf protestantischer [...] Seite, als auch das wirksamste Mobilisierungsmittel für das Volk, vor allem für die in die Defensive getriebenen Protestanten, die in Habsburg [...] die Vormacht des Katholizismus, ja den Antichristen bekämpften[41].

Trotzdem wäre es verfehlt, den Dreißigjährigen Krieg primär als Religionskrieg zu definieren. Das französisch-schwedische Bündnis, der Widerstand katholischer Reichsterritorien gegen die absolutistischen Ansprüche des Kaisers zeigen, dass die Konfession durchaus in den Hintergrund treten konnte, wenn es darum ging, politische Interessen durchzusetzen. Van Dülmens Einschätzung „Zentral ging es um die Verteilung weltlicher politisch-ökonomischer Macht in Mitteleuropa"[42] dürfte zutreffend sein.

Der Ausbruch des Dreißigjährigen Krieges wird allgemein mit dem Beginn des böhmischen Aufstands gleichgesetzt[43]. Die seit einigen Jahren dauernde rechtliche Unsicherheit in Bezug auf das Machtverhältnis zwischen den mehrheitlich evangelischen Ständen und der katholischen Landesherrschaft in den östlichen Erblanden der Habsburger führte 1618 in Böhmen zur Bildung eines Landtags und der Aufstellung einer eigenen Armee. Kurz vorher war durch den „Prager Fenstersturz", Opfer waren zwei kaiserliche Statthalter, die Abwendung vom Kaiser signalisiert worden. Der Aufruhr ergriff auch die österreichischen Erblande, die sich 1619 mit den böhmischen Ständen verbündeten. In der Zwischenzeit war Kaiser Matthias, Träger der böhmischen Krone, gestorben und der Moment schien günstig, das Haus Habsburg durch eine selbstgewählte Herrschermacht abzulösen.

Tschopp, Silvia Serena. Heilsgeschichtliche Deutungsmuster in der Publizistik des Dreißigjährigen Krieges. Pro- und antischwedische Propaganda in Deutschland 1628-1635. Frankfurt am Main: Lang 1991, S. 14 f.

41 Van Dülmen, 1982, S. 400
42 Van Dülmen, 1982, S. 401
43 Auf die Vorgeschichte des Dreißigjährigen Krieges soll hier nicht näher eingegangen werden. Vgl. dazu Schormann, 1985, S. 9 ff.

Zitate aus Primärliteratur

Neben der Wiedergabe von Stellen aus wissenschaftlicher Fachliteratur werden auch aus Primärtexten Zitate angeführt. Primärtexte sind der eigentliche Untersuchungsgegenstand in Disziplinen wie Geschichte, Literaturwissenschaft oder Philosophie, z. B. ein Essay von Kant, der in einer Facharbeit analysiert wird. Zitate aus Primärtexten dienen also vor allem der Verdeutlichung der Analyse. Somit helfen sie, den Zusammenhang mit der Quelle oder dem Ausgangstext zu wahren, sind also für eine fundierte Auseinandersetzung mit einem Gegenstand von großer Bedeutung. Ein Verfasser kommt damit seiner Quellenpflicht nach. Es werden aber nur erhebliche Sachverhalte oder Aussagen zitiert.

Sinngemäßes und wörtliches Zitieren von Primär- und Sekundärquellen

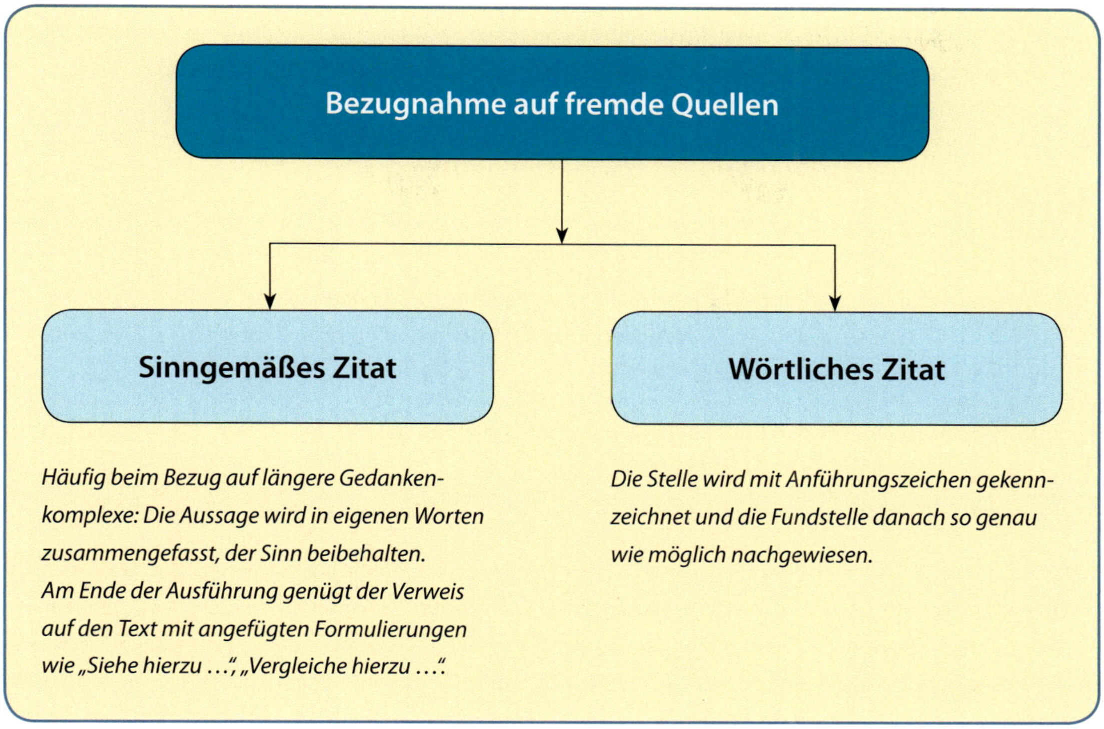

Abb. 4.13: Möglichkeiten des Zitierens

Grundsätze des Zitierens

- Historische Daten und Fakten (z. B. Lebensdaten von Picasso) bzw. allgemeine Fachbegriffe und Aussagen (z. B. „Die Erde kreist um die Sonne.") müssen nicht zitiert werden.
- Zitieren sollte kein ästhetisches Prinzip sein, sondern Ihre Gedanken weiterentwickeln helfen. Wörtliche Zitate aus Sekundärliteratur sollten Sie gezielt einsetzen, wenn die Textstelle von besonderem Gewicht ist und Ihre Gedanken exakt auf den Punkt bringt. Andernfalls greifen Sie besser auf sinngemäße Zitate zurück, da diese Ihr eigenes Verständnis erkennen lassen.
- Besonders wichtige Auszüge aus Primärliteratur, die Sie in Ihrer Arbeit analysieren und interpretieren (z. B. Auszug aus einem Drama von Shakespeare), sollten Sie wörtlich und in Originalsprache zitieren, soweit der Umfang Ihrer Arbeit dies zulässt. Generell gelten bei Primärtexten die gleichen Grundsätze wie bei Sekundärtexten.
- Zitate dürfen nicht durch starke Kürzungen verfälscht werden. Der Leser muss, ohne die Originaltextstelle zu kennen, das Zitat verstehen können.
- Zitate dürfen nicht aus dem Zusammenhang des Fremdtextes gerissen oder in einen anderen Kontext gestellt werden.
- Zitate dürfen nicht aus unseriösen Quellen stammen, z. B. sind Zitate aus Wikipedia wissenschaftlich nicht anerkannt.

Grundlegende formale Regeln beim Zitieren

Beim indirekten oder sinngemäßen Zitieren muss auf den korrekten **Modus** geachtet werden, wenn man in der indirekten Rede formuliert. Nur bei der Wiedergabe allgemeiner Positionen ist man davon befreit. Daraus kann aber auch gefolgert werden, dass mit dem Setzen des jeweiligen Modus eine bestimmte Haltung zu der zitierten Aussage zum Ausdruck gebracht wird. Konjunktiv II hat eine zweifelnde Wirkung, der Indikativ hingegen drückt aus, dass man sich einer Aussage anschließt oder sie als bewiesen akzeptiert. Um Aussagen neutral wiederzugeben, wählt man daher in den meisten Fällen den Konjunktiv I.

Original: „Dem Titanen Prometheus gleich, liegt Faust im Kräfteringen mit der Gottheit." (Sudau, Ralf. Johann Wolfgang Goethe. Faust I und Faust II. 2. überarb. u. korr. Aufl. München: Oldenburg 1998, S.65)

Beispielzitat: Sudau weist darauf hin, dass man Fausts Haltung mit der des Prometheus vergleichen könne/kann. (vgl. Sudau, 1998, S.65).

Die für die Darstellung der indirekten Rede gewählten redeeinleitenden Verben, z. B. *nachweisen, belegen, berichten, informieren, hinweisen, betonen, behaupten, kommentieren, relativieren, warnen, kritisieren, erörtern, auseinandersetzen* etc., zeigen überdies, welche Bedeutung Sie der jeweiligen Aussage beimessen. Leiten Sie die indirekte Rede daher immer mit Bedacht ein! Beim **wörtlichen Zitieren** sind zudem folgende Standards unbedingt zu beachten:

Einbinden in die Gedankengänge

Längere wörtliche Passagen können durch einen Absatz und ein anderes, z. B. kursives Schriftbild kenntlich gemacht werden. Meist werden längere Zitate auch eingerückt und mit einzeiligem Zeilenabstand gesetzt. Kürzere Zitate werden möglichst in die Gedankengänge der Ausführungen übernommen, d. h. auch in deren Satzbau integriert. Dabei kann es vorkommen, dass Veränderungen im Original nötig werden, um die grammatische Richtigkeit zu wahren. Alle Änderungen muss man als Verfasser kennzeichnen.

→ Auslassungen werden mit Punkten [...] in einer eckigen Klammer dargestellt.

→ Grammatische Veränderung[en], z. B. Hinzufügungen von Buchstaben oder von Wörtern zur Aufrechterhaltung des Satzbaus, kommen ebenfalls in eckige Klammern.

Original: „Faust verzweifelt an der Unmöglichkeit einer Heil stiftenden Erkenntnis und an dem der Natur um und in sich entfremdeten Dasein. So weit ist er Opfer seiner wachen Sinne und seines geschärften Verstandes, die ihm sagen, was er leidet. Doch Faust ist zugleich Täter, der seine Lebenskrise selbst mit heraufbeschwört." (Sudau, 1998, S.64)

Beispielzitate:

- Sudau stellt fest, dass „Faust [...] an der Unmöglichkeit einer Heil stiftenden Erkenntnis und an dem der Natur um und in sich entfremdeten Dasein [verzweifelt]". (Sudau, 1998, S.64)
- Faust ist also „Opfer seiner wachen Sinne und seines geschärften Verstandes [...]. Doch Faust ist zugleich Täter, der seine Lebenskrise selbst mit heraufbeschwört". (Sudau, 1998, S.64)

Beibehalten des Originaltextes

Das Original muss in all seinen Besonderheiten abgedruckt werden, so auch Markierungen oder Hervorhebungen, z. B. kursive Schreibweise, die ebenso im direkten Zitat wiedergegeben werden muss. Auch Abweichungen von der gängigen Rechtschreibung können beibehalten werden.

→ Diese können, um darauf hinzuweisen, dass sie nicht von einem selbst stammen, mit „sic!" (lat. für „so vorgefunden") gekennzeichnet werden.

Original:	Faust ist ein Werk der detuschen Literatur, das jeder Schüler in der Oberstufe liest.
Beispielzitat:	„Faust ist ein Werk der detuschen (sic!) Literatur, das jeder Schüler in der Oberstufe liest."

Anmerkungen des Verfassers der Facharbeit

Greift der Verfasser der Facharbeit klärend in den Originaltext ein, muss dies deutlich gemacht werden durch Kennzeichnung in Klammern, so z. B. Hervorhebungen wie Fettdruck.

→ Dargestellt wird dies durch „(Hervorhebung vom Verf.)" oder „(Anm. d. Verf.)" bei Anmerkungen.

Original:	„Zu groß ist sein Glaube, seine Sehnsucht nach dem Heil der Weltordnung." (Sudau, 1998, S. 64)
Beispielzitat:	„Zu groß ist sein [gemeint ist hier Goethe, Anm. d. Verf.] Glaube, seine Sehnsucht nach dem Heil der Weltordnung." (Sudau, 1998, S. 64)

Fremdsprachliche Zitate

Zitate in anderen Sprachen können auch in einer auf Deutsch abgefassten Arbeit in der Fremdsprache übernommen werden, wenn man davon ausgehen kann, dass der Leser dieser Sprache kundig ist. In den meisten Arbeiten wird dies die englische Sprache sein. Fremdsprachliche Zitate anderer Sprachen sollten in Übersetzungen zugänglich gemacht werden, die in der Fußnote eingebracht werden können. Bei Arbeiten, die komplett in der Fremdsprache abgefasst werden, ist eine Übersetzung dagegen nicht erforderlich. Im Wesentlichen gelten hier dieselben Regeln wie im Deutschen. Wichtig ist, dass man beim Einfügen wörtlicher Zitate besonders auf den richtigen Satzbau und korrekte Grammatik achtet.

Zitate in Originaltexten

Befindet sich im wiederzugebenden Text bereits ein Zitat, wird dieses systematisch durch halbe Anführungszeichen (‚…') gekennzeichnet.

Anführungsstriche in wissenschaftspropädeutischen Texten

Anführungsstriche dürfen nicht dazu verwendet werden, ein Wort besonders hervorzuheben, wenn mit wörtlichen Zitaten gearbeitet wird. Sie müssen dann eine andere Art der Betonung finden, z. B. Kursivschreibung. Um Unklarheiten ganz sicher zu umgehen, erklären Sie die nötige Hervorhebung am besten mit Worten.

Fußnoten und andere Quellenangaben

Grundsätzlich gilt, dass gewährleistet sein muss, dass jede Textstelle wieder auffindbar ist – und dass ein einheitliches Vorgehen vorliegt, das möglichst in dem Fachgebiet Ihrer Facharbeit anerkannt wird (siehe dazu auch das Kapitel 3). Für jedes sinngemäße oder wörtliche Zitat muss die Fundstelle angegeben werden. Dies kann zum einen in einer Fußnote erfolgen, die nach dem Zitat hochgestellt eingefügt wird. In der Fußzeile selbst erscheint die Fundstelle mit der Seitenangabe.

Daneben wird der sogenannte **„Harvard-Beleg"** sehr häufig verwendet. Nach der ersten vollständigen Nennung in der Fußzeile wird nach dem jeweiligen Zitat nur noch ein Kurztitel in Klammern notiert, bestehend aus Autorennachname, Erscheinungsjahr und Seitenangabe (Beispiel: Sudau, 1998, S. 65). Der Harvard-Beleg wird in den Haupttext integriert. Dies hat den Vorteil, dass nicht jedes Mal die lange Nennung aller Elemente wiederholt werden muss, der Beleg aber dennoch eindeutig zugeordnet werden kann. Im Literaturverzeichnis muss die vollständige Nennung erfolgen.

Daneben gibt es auch Fächer, die im fließenden Text nur mit einer Zahl in Klammern auf die Liste des durchnummerierten Literaturverzeichnisses verweisen. Die in Klammern gesetzte (7) würde also auf die siebte Angabe verweisen.

12. Verschaffen Sie sich einen Überblick über wissenschaftliche Literatur Ihres Faches und prüfen Sie, wie Fundstellen im Text dargestellt werden!

Exkurs: Urheberrecht

Im Zusammenhang mit der Anfertigung der Facharbeit spielt das **Urheberrecht** eine wichtige Rolle. Ganz gleich, ob Sie im Internet surfen, Fernsehsendungen oder Videos mitschneiden, Bilder von Personen oder neuen Gebäuden veröffentlichen, einen Blog oder eine MySpace-Seite haben, einen Artikel bzw. Aufsatz in der Bibliothek kopieren oder Computerspiele nutzen – stets ist das Urheberrecht tangiert. Aus diesem Grund sollten Sie zumindest einige Bestimmungen des Urheberrechts kennen, um zu wissen, was oder was nicht gemacht werden darf. Abb. 4.14 gibt einen Überblick über wesentliche Bestimmungen des Urheberrechts und des Copyrights.

Urheberrecht und Copyright

Vergleich zweier ungleicher Brüder

Urheberrecht (UrhG)	Tradition	Copyright (C)
Schützt die geistigen und wirtschaftlichen Interessen des Autors; Werk ist untrennbarer Teil der Autorenperson	**Ansatz**	Schützt die wirtschaftlichen Interessen der Verleger; soll öffentliches Wohl durch wirtschaftlichen Anreiz fördern
Verzicht auf Urheberrecht ist unmöglich; Recht geht durch Tod des Autors auf Erben über; Urheber kann nur Nutzungsrechte einräumen	**Übertragbarkeit**	Verzicht auf Copyright ist möglich (Werk fällt dann in Public Domain); kann vom Autor vollständig übertragen und vom Empfänger weiterübertragen werden
Zitate: Teile eines Werks dürfen unter Hinweis auf Autor und Beachtung weiterer Regelungen verwendet werden **Privatkopie:** Vervielfältigung für private Zwecke ist in festgelegtem Umfang erlaubt **Bildung & Forschung:** Werk kann ohne Zustimmung des Autors einem abgrenzbaren Personenkreis für Forschung und Bildung zugänglich gemacht werden	**Beschränkungen**	**Fair use (USA):** „angemessene Verwendung" geschützter Werke (für Bildung, als Anregung neuer Werke) ist ohne Zustimmung des Rechteinhabers erlaubt **First sale doctrine (USA):** Einmal im Warenverkehr befindliche Werke können ohne Zustimmung weiterverkauft werden **Fair dealing (Commonwealth):** erlaubt Erstellung weniger Kopien ohne Zustimmung für privates Studium, Rezensionen, Kritik, Berichterstattung
Deutschland & Frankreich: 70 Jahre nach Tod des Autors	**Schutzdauer**	**USA:** 70/95 Jahre nach Tod des Autors **GB:** 70 Jahre nach Tod des Autors
U.a. Deutschland, Frankreich, Schweiz, Österreich, Niederlande, teilw. EU-Recht	**Verbreitung**	U.a. USA, Großbritannien, Commonwealth

Beim Schutz geistiger Schöpfungen gibt es weltweit zwei Rechtstraditionen, die sich in vielen Punkten unterscheiden: das kontinentaleuropäische Urheberrecht bzw. droit d'auteur, und das angloamerikanische des Copyright.

Abb. 4.14: Urheberrecht und Copyright

Das Urheberrecht dient primär dazu, die wirtschaftlichen Interessen des Urhebers zu schützen; dieser soll für sein geistiges Eigentum einen gerechten Lohn erhalten. In Abb. 4.15 ist am traditionellen Beispiel von Druckwerken der damit verbundene Kreislauf dargestellt. Digitale Medien wie Computer oder Internet haben das am Buchdruck orientierte Urheberrecht revolutioniert, sodass eine Anpassung an die Bedürfnisse von Gegenwart und Zukunft erforderlich war. Das Urheberrechtsgesetz (UrhG) von 1965 wurde durch den sogenannten ersten Korb (Erstes Gesetz zur Regelung des Urheberrechts) im Jahr 2003 und durch den zweiten Korb im Jahr vom 1. Januar 2008 an moderne Entwicklungen angepasst. Denn 1965 gab es beispielsweise noch kein Internet, es bestand keine Notwendigkeit, Online-Nutzungen von Musik oder den digitalen Kopienversand zu regeln. Bei den Diskussionen um Neuregelungen geht es vor allem um den alltäglichen Umgang mit geschützten Werken wie Filme, Musikstücke oder Radio- und Fernsehsendungen für private Zwecke.

Die sogenannte „Privatkopieschranke“ erlaubt allerhand Nutzungen für private Zwecke, wie etwa Sendungen aufzuzeichnen, CDs zu brennen, einen Text aus dem Internet herunterzuladen, Beiträge aus Büchern in der Bibliothek zu kopieren und vieles mehr. Der Gesetzgeber hat sich nach langen Debatten letztlich nicht dafür entschieden, die digitale Privatkopie massiv einzuschränken oder gar abzuschaffen. Denn die Privatkopieregelung bringt den Inhabern von Urheber- und Nutzungsrechten Geld über die sogenannte Kopiervergütung.

Bundeszentrale für politische Bildung. „Zweiter Korb“. 31.03.2010. www.bpb.de/themen/SY4WRG.0.Zweiter_Korb.html

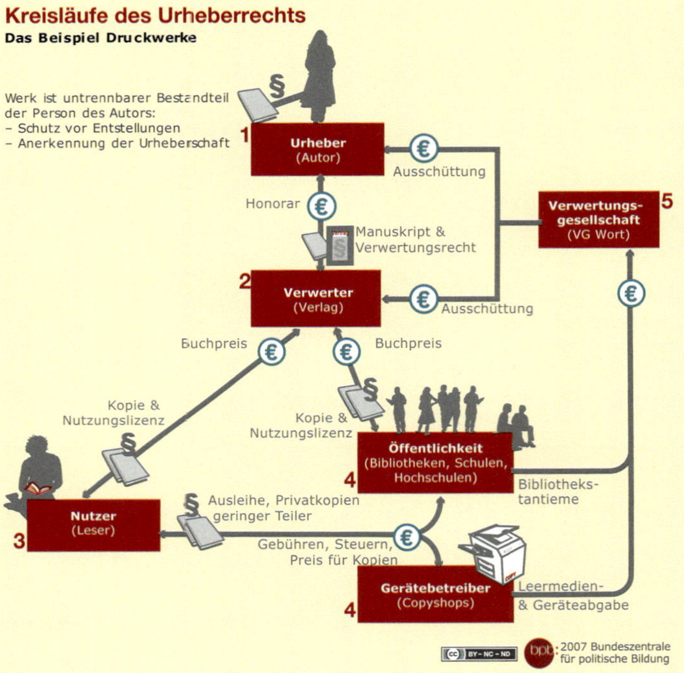

Abb. 4.15: Kreisläufe des Urheberrechts. Das Beispiel Druckwerke

13. Erläutern Sie anhand der Abb. 4.15 die Kreisläufe des Urheberrechts!
14. Welche Formalien müssen Sie in Ihrer Facharbeit erfüllen, damit Sie unter Berücksichtigung urheberrechtlicher Bestimmungen digitale Medien einbeziehen können?
15. Suchen Sie nach geeigneten Möglichkeiten, Ihre Facharbeit zu veröffentlichen! Wägen Sie dabei die Vor- und Nachteile einzelner Möglichkeiten ab! Für welche Möglichkeit würden Sie sich entscheiden? Begründen Sie Ihre Entscheidung!

5 Fertigstellung

Layout

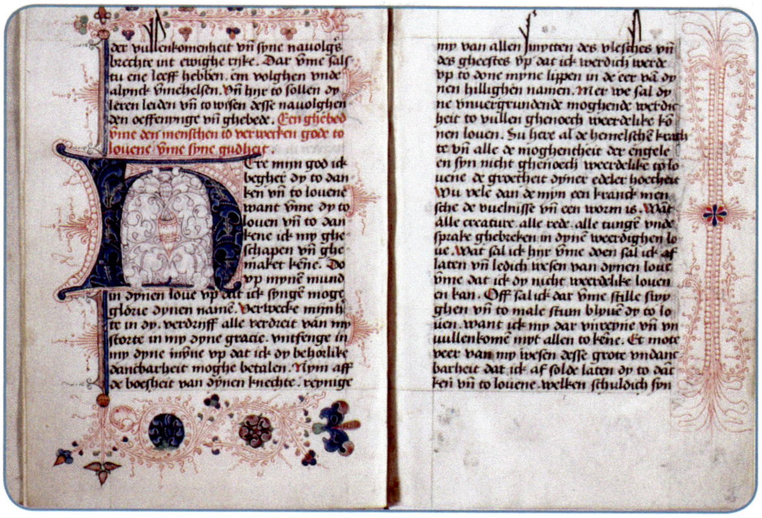

Abb. 5.1: Seit Anbeginn des Buches wurde Wert auf die äußere Form gelegt.

Grundsätze für die äußere Form

Die formale Gestalt wissenschaftlicher Arbeiten ist durch bestimmte Standards festgelegt, die eine gewisse Gleichartigkeit aller Veröffentlichungen sichern und damit verhindern, dass der Leser sich in jeder Arbeit neu zurechtfinden muss. Prinzipiell sollte ein Vorgehen durchgängig beibehalten werden. Eine korrekte Form stellt in einer Facharbeit meist sogar ein Bewertungskriterium dar. Bei allen Vorgaben sollte immer darauf geachtet werden, dass die Informationen auf einer Seite gut zu erfassen sind. Zu verkünstelte Schriftarten oder originelle Hervorhebungen sind daher zu vermeiden.

Grundsätzlich gilt, dass das Layout am günstigsten **nach** dem eigentlichen Schreibprozess stattfinden sollte. Wird die gesamte Arbeit schon am Anfang gestaltet, besteht die Gefahr, viel Zeit unnötig zu investieren, wenn z. B. am Ende angesichts des gesamten Textes festgestellt wird, dass andere Hervorhebungen oder Absatzregelungen sinnvoller gewesen wären.

Einige **Basisbausteine** können bereits am Anfang im Seitenlayout festgelegt werden.

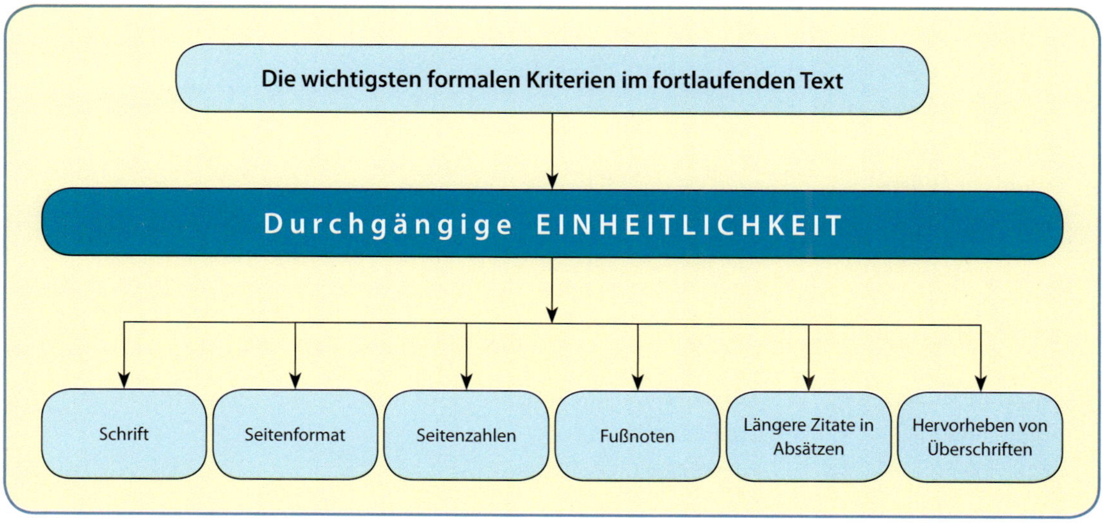

Abb. 5.2: Basisbausteine beim Seitenlayout

1. Vergleichen Sie Werke mit unterschiedlicher Handhabung der Fußnoten! Welche Alternative scheint Ihnen die sinnvollste Lösung zu sein?
2. Legen Sie ein sinnvolles Format fest, das die in Abb. 5.2 dargestellten Kriterien berücksichtigt!

Das Titelblatt

Im 18. Jahrhundert wurden bei wissenschaftlichen Abhandlungen noch Titelseiten gestaltet, denen künstlerische Schmucktitelblätter, sogenannte Frontispize vorangestellt waren. Solchermaßen kreativ muss das Titelblatt einer Facharbeit nicht gestaltet sein. Es ist jedoch ein wichtiger Bestandteil der Arbeit, der bestimmte wesentliche Aspekte darstellen und einige Vorgaben beachten muss. Die Anordnung und die Vorgaben über das Layout werden an unterschiedlichen Schulen in unterschiedlicher Weise gehandhabt.

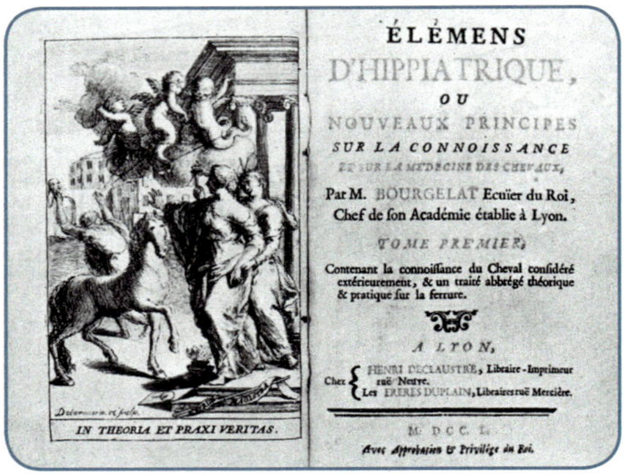

Abb. 5.3: Frontispiz und Titel des ersten Bandes der Élémens d'hippiatrique, Lyon 1750, einer Abhandlung über die Pferdeheilkunst.

Name des Gymnasiums Schuljahr:

Facharbeit

Die Unterschiede
bei Literaturverfilmungen
für Fernsehen und Kino:
Jane Austens „Stolz und Vorurteil"
als Kinofilm und Fernseh-Sechsteiler

Kurs:
Name des Fachlehrers:
Eingereicht von:
Datum der Abgabe:
Note:

Unterschrift des Schülers — Unterschrift des Lehrers

Abb. 5.4: Beispiel für das Titelblatt einer Facharbeit

Checkliste: Angaben auf einem Titelblatt

- ✓ Name der Schule
- ✓ Schuljahr, Kurs, Fach
- ✓ Titel/ggf. Untertitel der Arbeit
- ✓ Name des Verfassers
- ✓ Name des betreuenden Lehrers
- ✓ Datum der Abgabe

Redaktion

Wenn alle formalen und inhaltlichen Vorbereitungen abgeschlossen sind, folgt als nächster zentraler Schritt das Schreiben der Arbeit. Dabei sollten Sie auch genügend Zeit für eine inhaltliche, sprachliche und formale Prüfung des Rohtextes einplanen.

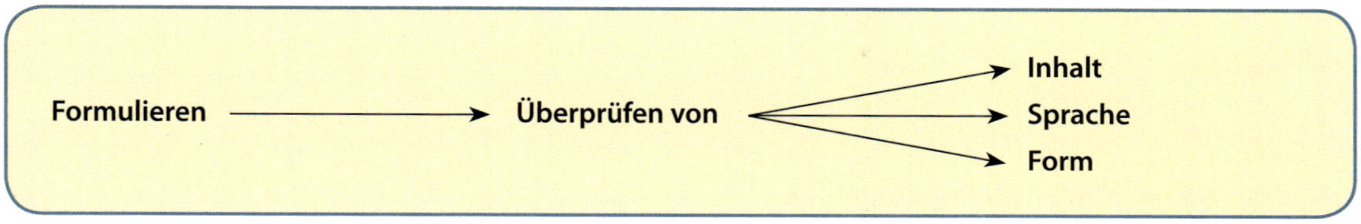

Formulieren von Texten

Die Verständlichkeit einer Facharbeit ist abhängig vom Stil, argumentativen Aufbau und von der Sprache. In folgender Übersicht werden knapp einige Einzelheiten dargestellt, auf die schon beim Formulieren geachtet werden sollte. Beim abschließenden Korrekturlesen sollten Sie prüfen, ob Sie sich an diese Regeln gehalten haben.

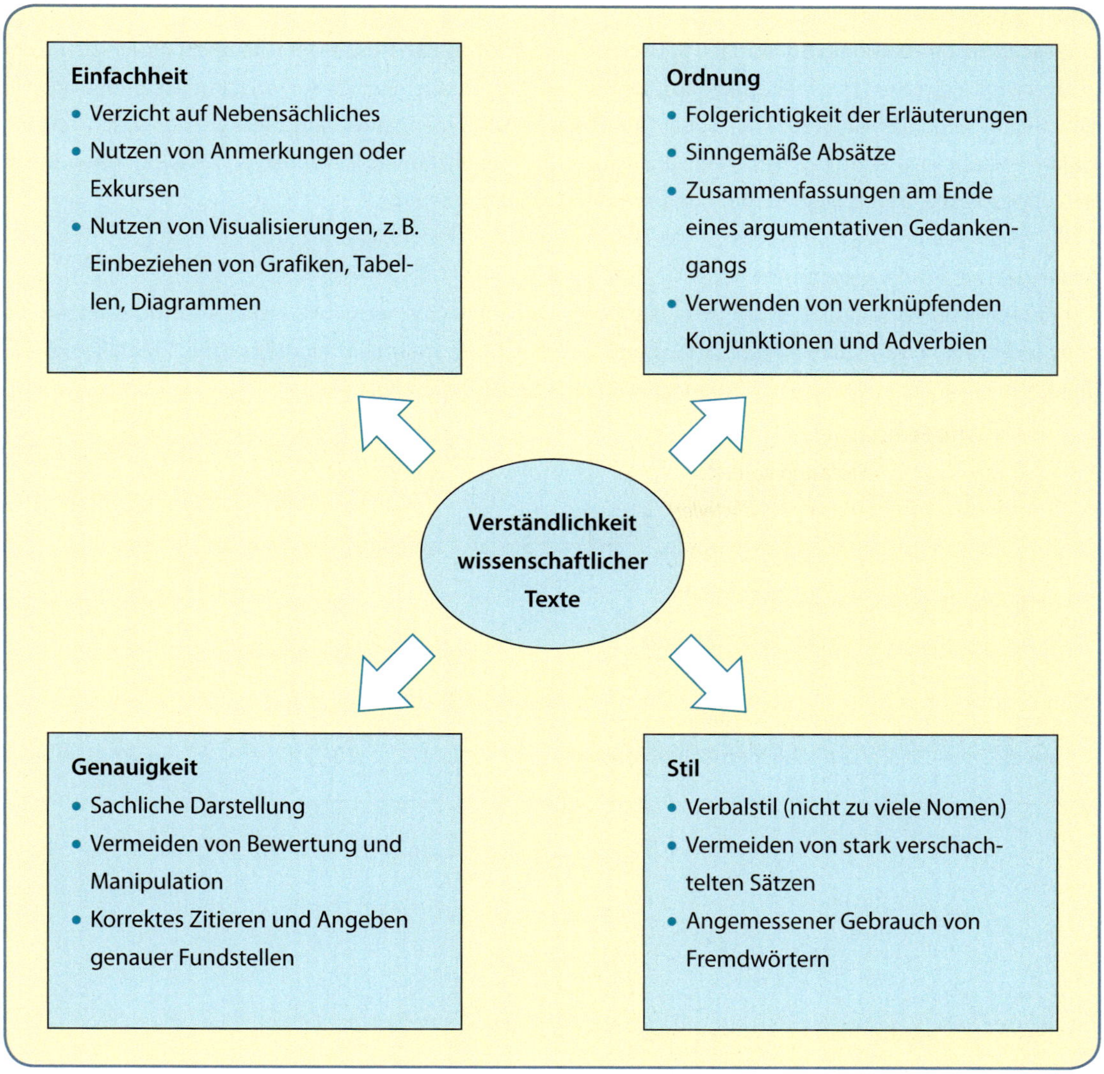

Abb. 5.5: Verständlichkeit wissenschaftlicher Texte

Einfachheit durch formale Mittel

Eine gut geschriebene Facharbeit stellt den Inhalt verständlich dar. Dazu gehört, dass man Gedankengänge nicht durch Nebensächlichkeiten ausdehnt, die die eigentlichen Aussagen untergehen lassen. Nutzen Sie gezielt formale Mittel, um den Argumentationsgang hervorzuheben und ihn von sekundären Erläuterungen freizuhalten. Um die Argumentation im fließenden Text nicht zu behindern, können Hinweise, Erläuterungen oder weitere Beispiele als Anmerkungen in Fußnoten stehen. Auch Abbildungen helfen, Aussagen strukturiert darzustellen. Sie bieten eine weitere Erklärungsmöglichkeit neben der sprachlichen Darstellung. Erläutern Sie jedoch Tabellen, Diagramme und Grafiken immer auch mit Worten.

Argumentativer Aufbau als Ordnungsprinzip

Sie haben Ihre Ausführungen nach den Prinzipien des Argumentierens und Aufbauens entwickelt (siehe auch Kapitel 4). Ein Gedankengang darf nicht abbrechen, bevor er nicht seinen logischen Schluss erreicht hat. Es hilft, sich vor dem Formulieren einen Plan zu skizzieren, nach dem man vorgeht. Um vor der Abgabe der Arbeit die Nachvollziehbarkeit Ihrer Gedankengänge zu prüfen, sollten Sie Ihre Arbeit unbedingt noch einmal kritisch lesen und dabei besonders auf eventuelle logische Brüche in der Gedankenführung achten.

Angemessener Stil und verständliche Sprache

Eine sachliche Darstellung bestimmt den Stil der Facharbeit. Wissenschaftliche Sprache zeichnet sich aber nicht durch komplizierte, verschachtelte Sätze aus, sondern ist klar und verständlich. Kurze Sätze, die Kernaussagen in sich tragen, ermöglichen dieses eher. Sobald komplexere Zusammenhänge dargestellt werden sollen, reichen einfache Hauptsätze allerdings nicht mehr aus. Nutzen Sie Konjunktionen, Adverbien und Präpositionen, um in Nebensätzen oder adverbialen Bestimmungen logisch zu akzentuieren.

Ausdrücke zur Strukturierung des Textes

Der Zusammenhang innerhalb eines Gedankengangs wird deutlicher, wenn Sie gezielt Ausdrücke setzen, die dem Leser zeigen, wie Sie die jeweilige Aussage innerhalb Ihrer Argumentation einordnen. Mithilfe der folgenden (nicht vollständigen) Liste strukturieren Sie Ihre Gedankenabfolge.

Hinführende/einleitende Ausdrücke

Im Folgenden, … zunächst, zuvor, vorab, … an erster Stelle, … anfangs, bevor, ehe, nachdem …

Beispiele für Formulierungen:

Bevor … genauer analysiert wird, soll zunächst …
Einleitend ist festzustellen …
Im Folgenden soll aufgezeigt werden …
Um einen Einblick zu ermöglichen, soll zunächst …

Überleitende Ausdrücke

- allgemeine Überleitungen: weiterhin, überdies, zudem, nicht nur … sondern auch, auch, daran anschließend, darauf aufbauend, ferner …
- Ausdrücke für Gründe/Ursachen: weil, da, daher, aufgrund, wegen, durch, aus diesem Grund …
- Ausdrücke für Gegensätze/Bedingungen: einerseits … andererseits, während, hingegen, sondern, jedoch, aber, obwohl, gleichwohl, zwar …
- Ausdrücke für Zweck/Folgen: damit, infolge, sodass, um … zu, zwecks …

Beispiele für Formulierungen:

Ein weiterer Aspekt … betrifft/ liegt in
Aus diesem Grund wird diese Frage …/ Aufgrund der Aktualität …
Einerseits ist festzustellen, dass … Andererseits ist jedoch zu beobachten …
Darauf aufbauend kann man …/ Näher zu untersuchen ist …
Um dieses Phänomen näher zu beschreiben, muss man …
In diesem Zusammenhang muss man sehen/ ist darauf hinzuweisen …
Während dieser Aspekt ein Beispiel für … darstellt, …
Dennoch ist zu betonen, dass …

Abschließende Ausdrücke

Folglich, schließlich, endlich, also, so, somit, kurz gefasst, zusammenfassend, abschließend

Beispiele für Formulierungen:

Hieraus resultiert …/ Die Konsequenz ist …
Hieraus lässt sich schließen …/ schlussfolgern …
Ein Ergebnis, das sich …/ Ein logischer Schluss, der sich hieraus ergibt, ist …

3. Untersuchen Sie den Bedeutungsunterschied, der sich in dem folgenden Beispiel durch das Ersetzen des Wortes „also“ durch die angegeben Alternativen ergibt! Überlegen Sie, an welcher Stelle der Argumentation der Satz jeweils stehen müsste!

Beispiel (Originalstelle aus einer Interpretation zu Goethes Faust, Sudau, 1998, S. 51):

„Der Prolog (sic!) charakterisiert Mephisto [also] als ein Werkzeug Gottes […] des Menschen.“

zum einen
zudem
letztlich

Typische Schwierigkeiten

- **Verwenden vieler Fremdwörter**

Sie sollten zwar Fachbegriffe nutzen, jedoch nicht durch absichtlich eingebaute Fremdwörter zu glänzen versuchen. Zudem liegt in einem solchen Vorgehen die Gefahr, die Fremdwörter falsch zu verwenden. Finden Sie den Ausdruck, der am präzisesten das ausdrücken kann, was Sie sagen wollen.

- **Nominalstil**

Nominalstil nennt man den Stil, der Nomen ohne Verben und aussagekräftige Konjunktionen aneinanderstellt. Dieser Stil ist für das Inhaltsverzeichnis angemessen, den Haupttext sollten Sie besser mithilfe aussagekräftiger Verben formulieren. Im Nominalstil verfasste Sätze wirken schwerfällig und können zudem zu Verständnisproblemen führen, da die Zusammenhänge nicht durch Verben oder Konjunktionen geklärt werden. Lösen Sie unnötige Substantivierungen daher auf!

Nicht: Jemand beschäftigt sich mit der Archivierung von Informationen.
Die Verdeutlichung durch Beispiele zeigt …
Sondern: Jemand archiviert Informationen.
Beispiele verdeutlichen …

Beispiel im Textzusammenhang:

Nicht: „Zur Vermeidung der Erschaffung einer blutleeren Konstruktion anstelle einer Dramenfigur mit poetischer Wirkung kam es zur Ausstattung Mephistos mit indirekten, poetischen Zügen durch Goethe."

Sondern: „Dennoch musste Goethe, wollte er keine blutleeren Konstruktionen, sondern eine poetische wirksame Dramenfigur schaffen, Mephisto mit individuellen, persönlichen Zügen ausstatten." (Sudau, 1998, S. 109)

- **Zu lange Komposita**

Auch Komposita sind Formulierungen im Nominalstil, die dem ungeübten Schreiber den Eindruck vermitteln, viel auf wenig Raum ausdrücken zu können. Das Gegenteil ist aber der Fall. Die Zusammenhänge der aneinandergestellten Wörter können ohne zuordnende Präpositionen nicht deutlich werden. Lösen Sie sehr lange Komposita auf!

Nicht: Aufsatzartenbestimmung, Schreibmusterbeispiele, Kompositavermeidungsstrategien
Sondern: Aufsatzarten bestimmen, Beispiele von Schreibmustern, Strategien, mit deren Hilfe sich Komposita vermeiden lassen

Beispiel im Textzusammenhang:

Nicht: „Wie ein furchtbarer Widerruf wirkt das Ausstoßen des nihilistischen Fluchs durch Faust vor der Teufelspaktseinwilligung."

Sondern: „Wie ein furchtbarer Widerruf […] wirkt dann der nihilistische Fluch, den Faust wenig später ausstößt […], bevor er in den Teufelspakt einwilligt." (Sudau, 1998, S. 55)

- **Mit „und" verbundene Satzreihen**

Die Konjunktion „und" ist wichtig, um zu zeigen, dass zwei Aussagen gleichrangig nebeneinanderstehen. Lassen Sie sich aber nicht dazu verleiten, „und" in allen Zusammenhängen zu setzen. Die logischen Bezüge können sehr häufig durch andere Konjunktionen präziser aufgezeigt werden. Prüfen Sie, ob Sie die Konjunktion immer zweckmäßig verwendet haben.

Nicht: Der Autor bekräftigt die These und fügt wesentliche Gründe an.
Sondern: Der Autor bekräftigt die These, indem er wesentliche Gründe anfügt.
Um die These zu bekräftigen, fügt der Autor wesentliche Gründe an.

- **Doppelungen**

Die aufeinanderfolgende Nennung zweier bedeutungsähnlicher Wörter führt zu unnötiger Weitschweifigkeit. Entscheiden Sie sich für das Wort, das Ihre Aussage am besten unterstützt, und streichen Sie die Doppelung.

Nicht: Diese Darlegung beweist und stützt folgenden Gedanken …
Ein kritischer Einwand könnte lauten …

- **Unnötige Füllwörter oder unpräzise Ausdrücke**

Füllwörter benutzt man in der gesprochenen Sprache häufig, um Verlegenheit zu überspielen oder unbewusst auszuweichen. Prüfen Sie, ob diese Worte etwas zur Präzisierung Ihrer Aussage beitragen. Bringen Sie die Aussage auf den Punkt!

Nicht: irgendwie, irgendeine, gewissermaßen, an und für sich, natürlich, beziehungsweise, sozusagen, eigentlich …

Beispiel im Textzusammenhang:
Nicht: „Prolog und Epilog im Himmel sind gewissermaßen Sinnbilder eines Göttlichen, das Faust sozusagen umfasst und erhebt."
Sondern: „Prolog und Epilog im Himmel sind Sinnbilder eines Göttlichen, das Faust umfasst und erhebt." (Sudau, 1998, S. 55)

4. Verfassen Sie in Partnerarbeit eine kurze Zusammenfassung des Textes „Plagiieren, verfälschen, erfinden" (S. 44), in die Sie bewusst Nominalstil, Komposita, Doppelungen und Füllwörter einbauen!
5. Erstellen Sie im Anschluss daran eine Musterfassung, die diese Fehler tilgt, und vergleichen Sie die Texte auf ihre Flüssigkeit und Verständlichkeit!

Überarbeiten der Facharbeit

Bevor die Arbeit abgabefertig ist, muss sie noch einmal geprüft werden. Die Zeit, die dafür benötigt wird, darf nicht unterschätzt werden. Bei in einer Fremdsprache verfassten Arbeit sollten Sie besonders auf korrekte Schreibweisen (z. B. Akzentsetzung im Französischen) und Grammatik achten. Achten Sie in naturwissenschaftlichen Arbeiten darauf, dass Sie alle Formeln und Symbole, z. B. für Maßeinheiten, korrekt verwendet haben.

☑ **Checkliste: Prüfen des roten Fadens, der sich inhaltlich durch Ihre Arbeit ziehen muss**

☑ Zusammenhang von Kapitelüberschriften mit den Inhalten
☑ Inhaltlich passender Zusammenhang der einzelnen Kapitel mit dem Thema
☑ Quantitative Ausgewogenheit der einzelnen Teilaspekte
(Ist diese nicht gegeben, muss geprüft werden, ob der Aspekt unterentwickelt oder nicht ausführlich genug dargestellt ist – oder ob er einem anderen Punkt zugeordnet werden kann.)
☑ Überleitungen zwischen den einzelnen Kapiteln und Unterpunkten
☑ Prüfen der Argumentation:
- Ist sie verständlich,
- gibt es Lücken in der Argumentation,
- liegen Wiederholungen oder Ausschweifungen vor,
- muss Überflüssiges getilgt werden,
- sind die zentralen Fragestellungen beantwortet?

☑ Abstimmen von Einleitung und Schlussbemerkung
☑ Gegebenenfalls Verständlichkeitsüberprüfung durch eine andere Person

6 Präsentieren

Abb. 6.1: Die Präsentation der Facharbeit vor Publikum sollte gut vorbereitet werden.

„Sprich unbekümmert um die Wirkung, um die Leute, um die Luft im Saale; immer sprich mein Guter. Gott wird es dir lohnen." Kurt Tucholsky

Wer Inhalte erarbeitet und eine gute Facharbeit vorzuweisen hat, muss sich um seine Präsentation keine Gedanken mehr machen, sondern kann – wie Tucholsky sagt – „unbekümmert um die Wirkung" sprechen? Falsch! Auch die Präsentation der Facharbeit erfordert Vorbereitung, Struktur und Übung.

Für die Präsentation steht in der Regel nur eine begrenzte Zeit zur Verfügung. Um den Zeitrahmen gut einhalten zu können, sollte vor der Präsentation gründlich überlegt werden, welche Inhalte der Facharbeit am wichtigsten sind und in die Präsentation mit einfließen sollen. Gängige Richtlinien für das Unterscheiden von wichtigen und unwichtigen Informationen sind:

- Die Informationen sollten **wesentlich** sein.
- Die Informationen sollten zwingend **in Verbindung mit dem Thema** stehen.
- **Neue Informationen haben Vorrang** vor bereits Bekanntem.
- Die Informationen sollten **von Interesse für die Zielgruppe** sein.
- Es geht um **Nachhaltigkeit**, also um Informationen, die sich **der Zuhörer merken soll.**
- Nötig sind auch **Informationen, die der Zuhörer für das Verständnis** braucht, z. B. über Hintergründe oder Zusammenhänge.

Um die ausgewählten Inhalte der Facharbeit den Zuhörern verständlich vermitteln zu können, bedarf es einer guten Struktur für den Vortrag. Es bietet sich hier eine Dreiteilung in **Einstieg – Hauptteil – Schluss** an.

Der Einstieg

An dieser Stelle soll der Zuhörer motiviert werden, der Präsentation seine Aufmerksamkeit zu schenken. Motivation erreicht man am leichtesten über Emotionalisierung. Die Gefühle der Zuhörer lassen sich durch verschiedene Möglichkeiten stimulieren.

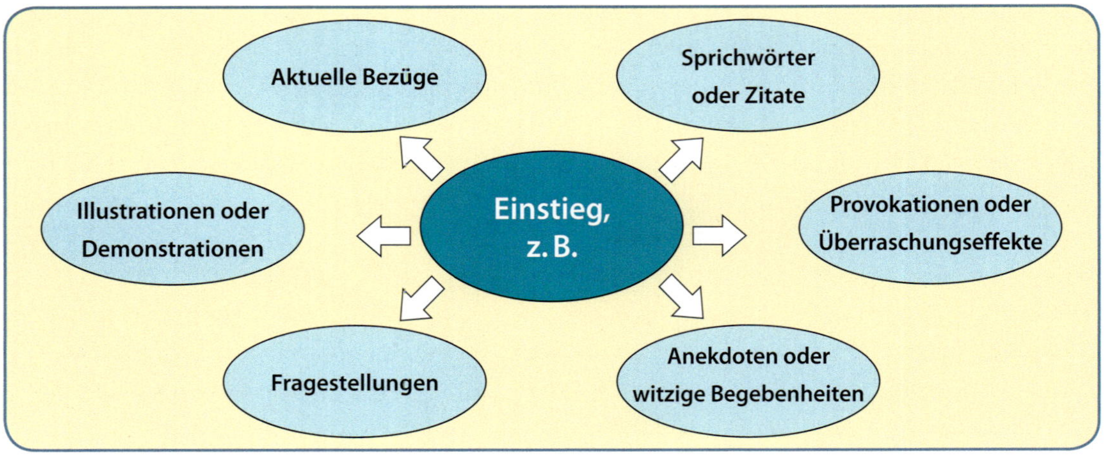

Abb. 6.2: Möglichkeiten des Einstiegs in eine Präsentation

Die Entwicklung des Themas im Hauptteil

Nach einem möglichst gelungenen Einstieg kommt es nun darauf an, die Aufmerksamkeit des Zuhörers zu halten und diesen systematisch durch die Präsentation zu führen. Dem Einzelnen im Publikum sollte immer klar sein, in welchem Abschnitt er sich befindet. Dafür empfiehlt es sich, die Gliederung der Präsentation zu Beginn kurz vorzustellen und auch während des Vortragens immer wieder darauf zu verweisen.

Der Schluss

„Nun bin ich am Ende, hat noch jemand Fragen?" – Diese Formulierung wird häufig verwendet, reicht für eine gute Präsentation jedoch nicht aus. Besonders der Schluss hinterlässt bleibenden Eindruck – umso wichtiger ist es, hier Durchhaltevermögen zu beweisen.

Idealerweise schlagen sie am Schluss einen Bogen zum Beginn zurück, als sie das Thema eingeführt oder die zentrale Fragestellung genannt haben. Indem noch einmal kurz die wichtigsten Ergebnisse zusammengefasst werden, erfahren diese eine endgültige Beantwortung. Besonders wirkungsvoll ist es, wenn Sie am Schluss noch einmal konkret auf ihren Einstieg eingehen, indem Sie z.B. eine Karikatur aufgreifen und erweitern, eine provozierende Bemerkung noch einmal wiederholen und prüfen oder ein weiteres Zitat zum ersten ergänzen.

Präsentationsmedien

Mit einer gut strukturierten Präsentation ist schon ein wichtiger Schritt getan. Für die verständliche Vermittlung der Inhalte ist es zudem wichtig, sich vor dem Vortrag zu überlegen, welches Präsentationsmedium sich gut eignet und in der Schule verfügbar ist. Einige mögliche Medien sind Notebooks bzw. Computer, Overheadprojektoren, Flipcharts oder auch Pinnwände. Es sollte nicht versäumt werden, das Präsentationsmedium vor dem Vortrag rechtzeitig bereitzustellen und aufzubauen, damit alles vorbereitet ist, wenn es losgeht.

Handout

Damit der Zuhörer alle wichtigen Informationen der Präsentation auch später noch nachvollziehen kann, empfiehlt es sich, ein Handout mit den wichtigsten Punkten (in Stichworten) zu erstellen und es vor oder nach dem Vortrag zu verteilen.

Redemanuskript

Zur guten Vorbereitung des Vortrags gehört es auch, sich ein Redemanuskript zu schreiben, um vor dem Publikum nicht plötzlich den roten Faden zu verlieren. Dazu sollten die wichtigsten Stichworte auf Karteikarten geschrieben werden, die während des Vortrags als Gedankenstütze dienen können. Es empfiehlt sich nicht, den ausformulierten Vortrag auf die Karteikarten zu schreiben und abzulesen. Erst durch freies Sprechen wird das Interesse und die Aufmerksamkeit des Zuhörers gehalten.

Sprache und Körperhaltung

Von besonderer Bedeutung ist es beim Präsentieren, die Aufmerksamkeit und das Interesse des Zuhörers zu wecken und die präsentierten Inhalte übersichtlich und verständlich darzustellen. Die Wirkung der Präsentation ist dabei immer stark abhängig von der Körperhaltung und der Art des Sprechens. Folgende Checklisten helfen beim Überprüfen der eigenen Haltung und Sprache.

☑ **Checkliste: Körperhaltung**

- ☑ **Lockere** Haltung, **Sicherheit** und **Offenheit** ausstrahlend
- ☑ **Keine Barriere** zwischen Redner und Publikum
- ☑ **Gleichmäßiger Stand** auf beiden Beinen
- ☑ Immer wieder einmal **Wechsel des Standortes**, wenn möglich sogar ins Publikum gehen
- ☑ Aufnahme von **Blickkontakt** mit allen Beteiligten, auch bei Arbeit mit Medien (z. B. Overheadprojektor)
- ☑ **Gestik** nur oberhalb der Körpermitte
- ☑ Lockeres Halten des **Manuskripts** (bestenfalls Ablage auf dem Tisch)

☑ **Checkliste: Angemessenes Sprechen**

- ☑ **Abwechslungsreiches** Sprechen in **Lautstärke, Ausdruck, Tempo**
- ☑ Nicht zu schnelles **Sprechtempo**
- ☑ Einbau von **Redepausen,** z. B. vor dem Übergang zu einem neuen Abschnitt
- ☑ Klare **Artikulation**
- ☑ **Sach- und zuhörerangemessene Sprachebene**
- ☑ Möglichst freie, **nicht auswendig gelernte Sprache**
- ☑ **Kurze, prägnante** Sätze

Ein letzter Tipp

Üben Sie Ihren Vortrag vor Familie, Mitschülern, Freunden oder anderen Bekannten, um ein sicheres Gefühl zu bekommen. Führen Sie eine richtige Generalprobe durch! Proben Sie den Vortrag mit Präsentationsmedium und achten Sie auf die Zeit, die sie haben. Dann kann eigentlich nichts mehr schiefgehen, wenn es ernst wird.

Weiterführende Literatur

Die folgenden Werke sind eine Auswahl von allgemeinen Büchern zum wissenschaftlichen Arbeiten. Diese richten sich zwar vornehmlich an Studienanfänger, können jedoch auch eine gute Orientierung für das Verfassen der Facharbeit bieten. Weitere Literaturempfehlungen finden sich in den jeweiligen Kapiteln dieses Buches.

- Esselborn-Krumbiegel, Helga. Von der Idee zum Text. Eine Anleitung zum wissenschaftlichen Schreiben. 3., überarb. Auflage. Stuttgart: UTB 2008
- Franck, Norbert. Handbuch Wissenschaftliches Arbeiten. 2. Auflage. Frankfurt am Main: Fischer (Tb) 2007
- Kruse, Otto. Keine Angst vor dem leeren Blatt. Ohne Schreibblockaden durchs Studium. 12., völlig neu bearb. Auflage. Frankfurt am Main: Campus 2007
- Sesinek, Werner. Einführung in das wissenschaftliche Arbeiten. Mit Internet – Textverarbeitung – Präsentation. 6. völlig überarb. und aktual. Auflage. München: R. Oldenbourg 2003
- Schreibwerkstatt der Universität Duisburg-Essen. „Der Schreibtrainer". 31.03.2010. www.uni-due.de/schreibwerkstatt/trainer/index.html
- Stickel-Wolf, Christine/Wolf, Joachim. Wissenschaftliches Arbeiten und Lerntechniken. Erfolgreich studieren – gewusst wie! 5. Auflage. Wiesbaden: Gabler 2009

Quellenverzeichnis

S. 3: Shutterstock (Norman Pogson), New York; Stockphoto (Viorika Prikhodko), Calgary, Alberta; Fotolia (Stephen Coburn); Fotolia LLC (FotolEdhar), New York; Klett-Archiv (Weccard), Stuttgart; Fotolia (endo Stock)

S. 5: Uli Knorr

S. 8: in Anlehnung an: Bünting, Karl-Dieter u. a. Schreiben im Studium. Berlin: Cornelsen Scriptor 1996, S. 17 ff.

S. 11: Vorschläge des Staatsinstituts für Schulqualität und Bildungsforschung (ISB) zu den W-Seminaren aus der Multiplikatorenausbildung

S. 20/21: in Anlehnung an: Vonderau, Kerstin, in: Mitteilungen des Wirtschaftsphilologen Verbands Bayern e. V, Nr. 188, 1/2008, S. 20

S. 22: Uli Knorr

S. 28: Kruse, Otto. Keine Angst vor dem leeren Blatt. Frankfurt am Main: Campus 2007, S. 66

S. 45: in Anlehnung an: Schardt, Bettina/Schardt, Friedel. Referate und Facharbeiten für die Oberstufe. Freising: Stark 1999, S. 24

S. 51: http://www.bpb.de/themen/OKRTHO,O,O,Urheberrecht_und_Copyright.html

S. 52: http://www.bpb.de/themen/IWAWG7,O,O,Kreisl%E4ufe_des_Urheberrechts.html

S. 53: (Abb. 1) Thomas a Kempis. Dat myrren bundeken (Universitäts- und Landesbibliothek Münster); (Abb. 2) in Anlehnung an: Brenner, Gerd. Die Facharbeit. Berlin: Cornelsen 2002

S. 55: in Anlehnung an: Schardt, Bettina/Schardt, Friedel. Referate und Facharbeiten für die Oberstufe. Freising: Stark 1999, S. 66 f.

S. 61: Fotolia (endo Stock)